REAL FOOD FERMENTATION

ほんとの
本物の発酵食品
新鮮な食材を
自宅で手軽に保存する！

アレックス・リューイン 著

宮田 攝子 訳

© 2012 by Quarry Books
Text © 2012 Alex Lewin

First published in the United States of America in 2012 by
Quarry Books, a member of
Quayside Publishing Group
100 Cummings Center
Suite 406-L
Beverly, Massachusetts 01915-6101
Telephone: (978) 282-9590
Fax: (978) 283-2742
www.quarrybooks.com

All rights reserved. No part of this book may be reproduced in any form without written permission of the copyright owners. All images in this book have been reproduced with the knowledge and prior consent of the artists concerned, and no responsibility is accepted by the producer, publisher, or printer for any infringement of copyright or otherwise, arising from the contents of this publication. Every effort has been made to ensure that credits accurately comply with information supplied. We apologize for any inaccuracies that may have occurred and will resolve inaccurate or missing information in a subsequent reprinting of the book.

Design: Holtz Design
Layout: everlution design
Photography: Glenn Scott Photography
Cover Design: Holtz Design

※米国では家庭でアルコール飲料を醸造するのは一般的であるため、本書では発酵飲料の作り方としてアルコール飲料のレシピを掲載しています。
日本では免許を持たない者が、アルコール度数1%以上の酒類を醸造すると、酒税法違反になります。

To Mom and Dad,
who showed me how to eat and how to question.

目次

はじめに
発酵の旅へようこそ ... 9
- 本書の使い方 ... 10
- 食べ物と楽しくつきあう ... 12

第1章

食料の保存法 ... 16
- 食料を保存するとはどういうこと? ... 18
- 家庭での保存食づくり ... 22
- 微生物と酵素はなぜ必要? ... 26
- 食べ物の腐敗を遅らせるには? ... 27
- 食料は、どの時点で保存される? ... 31
- 発酵とはなにか? 発酵のプロセスを知る ... 32
- 発酵食品はなぜ身体によい? ... 34
- キッチンラボの道具たち ... 36

第2章

材料について知る ... 40
- 鮮度は、なぜ大切? ... 42
- 食べ物についてまじめに考える ... 50
- リアルフード、真の使命 ... 57

第3章

ザウアークラウト ... 58
- ザウアークラウト 基礎編 ... 61

第 4 章

ザウアークラウト　応用編
乳酸発酵野菜　66

- どんな野菜や果物を使えばいい?.....................68
- 野菜はどんなふうに切ればいい?......................70
- 材料すべてが浸かるよう、保存液を注ぎたすべき?...71
- 野菜の皮は全部むくべき?..................................72
- どんなスターターを使えばいい?........................72
- 発酵食品づくりを確実に成功させるには?..........73
- 風味づけにはどんなものを加えればいい?..........73
- 乳酸発酵野菜...75
- カロライナ風コールスロー...................................78
- キュウリのピクルス..82
- キムチ..86

第 5 章

発酵乳製品　94

- 牛乳の選び方..96
- ヨーグルト...98
- 水切りヨーグルトとホエー.................................102
- ケフィア..104
- クレームフレーシュ...107
- バターとバターミルク..110

第 6 章

果物の発酵調味料　114

- 塩レモンと塩ライム..116
- 塩ライムを使った桃とプラムのチャツネ............120
- ピコ・デ・ガヨ..122

第 7 章

発酵飲料　126

- シードル(リンゴ酒)...132
- ミード(はちみつ酒)...138
- ワイン..140
- ビールとクワス...143
- 紅茶キノコ...144
- 酢...152
- そのほかの発酵飲料.......................................155
- ジンジャーエール..156
- 実験してみよう..159

第 8 章

発酵肉とそのほかの発酵食品　160

- コンビーフ...162
- そのほかの発酵食品.......................................164

- 参考文献...168
- 著者プロフィール...171
- 索引..172

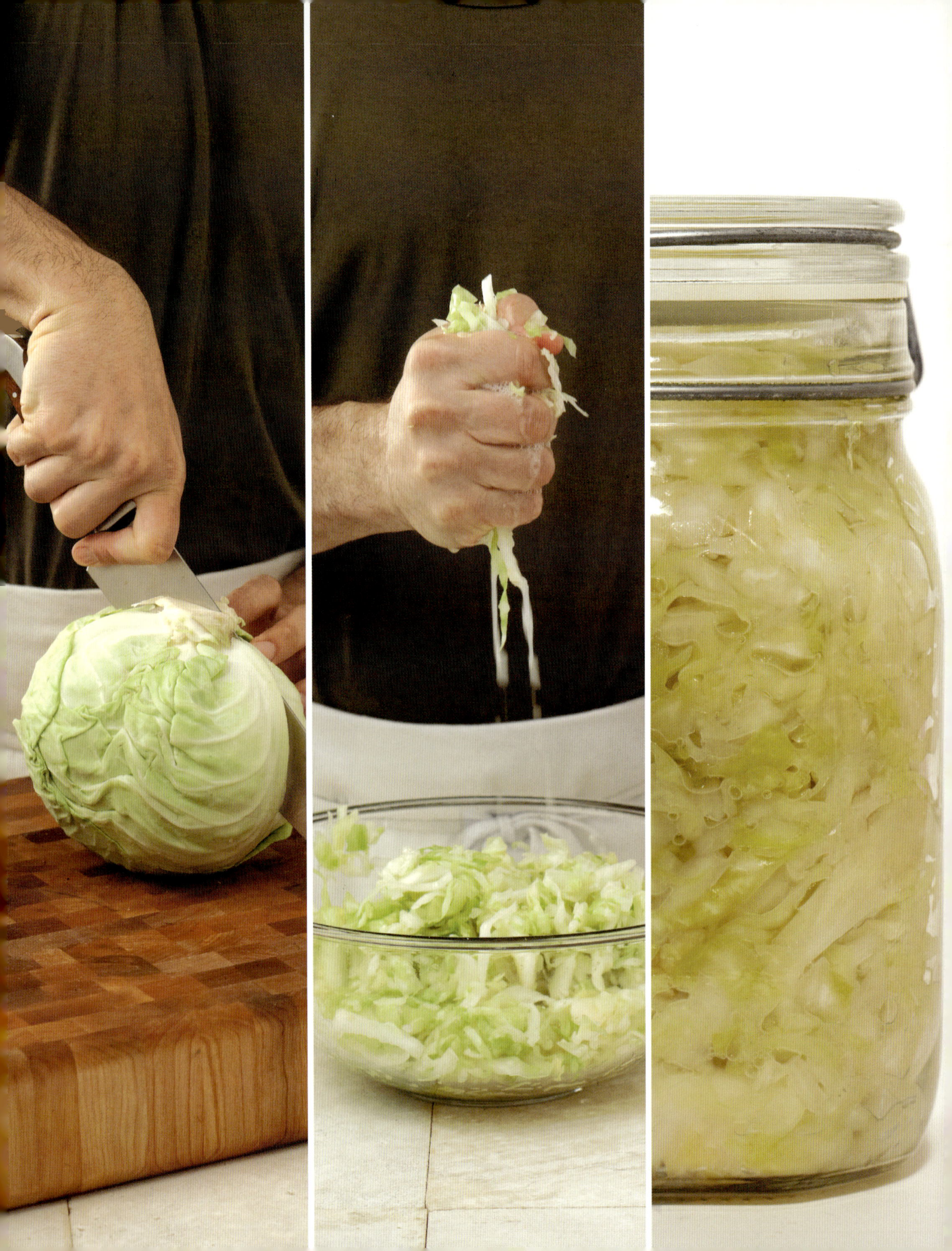

はじめに
発酵の旅へようこそ

私は、物事をよりよい方向に変えるのが好きです。 世の中の仕組みにも興味があります。そして、いつも食べ物のことを考えています。

　ですから、自然と調和する方法で食べ物をおいしく変身させるという発想がとても気に入っています。人類は、何千年にもわたってそうしてきたからです。たとえば、ザウアークラウトづくりに必要なのは、キャベツと塩だけ。あやしげな化学調味料や食品添加物はいっさい使わず、酢でさえ1滴も入れません。すると、きわめてシンプルでありながら、とても奥深い発酵という現象が起こります。微生物が私の思惑どおりに生化学反応を起こした結果、酸が生じ、キャベツを長期にわたって保存可能にしてくれるのです。

　私は、発酵食品をつくるプロセスも大好きです。そこには、楽しいやりとりや作業がたくさんあります。まず地元の農家や市場に出かけて、生産者の人たちと言葉をかわし、彼らの仕事に対して正当な対価を支払います。それから、どんなものをつくろうかと想像力をふくらませ、いろいろな道具を使いながら、ときには思いつくままに自分の手で発酵食品をつくりあげます。その結果、概してすばらしいものができあがります。もちろん最後は、それを食べる楽しみが待っています。完成した発酵食品を家族や友人とおいしく食べるのは、じつに楽しいひとときです。

　多くの人が世間の動きに翻弄され、国や企業や食品産業に踊らされているような今の時代に、自分が食べるものをみずからの手でつくれば、自分の生活を多少なりとも自分でコントロールできます。そして、それは食べ物のつくり手とそれを食べる人とのあいだの大きな隔たりを埋めることになり、ひいては飢饉や肥満の問題、さらには環境汚染や水不足、森林伐採、希少資源をめぐる争いなどの諸問題を生みつづける大きな格差を埋めることにもつながります。

　私は、こうした発酵食品に対する熱い思いをみなさんと分かちあえることをとてもうれしく思っています。

　どうか本書をおおいに活用して、いろいろな発酵食品づくりに挑戦し、あなたならではの発酵の旅へ出てください。きっとあなたの食べ物だけでなく、ライフスタイルやあなた自身も大きく変わることでしょう。

本書の使い方

　本書では、各章ごとに特定のテーマをとりあげています。第1章では、食材のさまざまな保存法について説明し、第2章では食材の選び方、第3章ではザウアークラウトの詳しいつくり方、第4章では、それを応用した、そのほかの野菜の乳酸発酵法について紹介しています。それ以降の章でも、発酵乳、果物の発酵調味料、発酵飲料、発酵肉などについてふれています。

　もしかしたら、あなたが今知りたいのは、フルーツチャツネのつくり方だけかもしれません。ふつうの料理の本なら、最初から読まずに、チャツネのレシピのページをひらき、いきなりつくりはじめても、なんの問題もありません。でも、本書では、その章の冒頭から、できれば本書の最初から最後まで、まずはざっと目を通していただきたいと思います。それによって発酵食品の知識が蓄積されますし、本書の最初のほうで説明したことが、その後のレシピ全般に当てはまることもあるからです。

　人はみな、自分の流儀で本を読みます。本の読み方をいちいち他人に指示されたくはないでしょう。料理の本なら、なおさらです。でも、私がこの読み方をすすめるのには訳があります。

　私の書き方がまずくなければ、前半の章を読むことで、なぜそのレシピで発酵食品がつくれるのかが理解でき、つくった発酵食品が安全だという安心感が得られ、うまくいかないときの対策も練りやすくなり、次回はレシピをすこし変えてもいいのかどうかが判断できるようになります。

　また、ある章で紹介している発酵食品を別の章のレシピでスターター（種菌）として用いていることもあります。その場合は、必要に応じて関連するページにも目を通してください。たとえば、果物の発酵調味料づくりではスターターを必要とし、そのスターターにはザウアークラウトの漬け汁やヨーグルトホエーが最適です。ザウアークラウトをつくる手順とヨーグルトを水切りする手順のページをすでに読んでいれば、果物の発酵調味料づくりに必要なスターターのことをすぐに理解できます。まだ読んでいなければ、関連するページに目を通す必要があるでしょう。

　また、使用する食材について考えれば考えるほど、できあがりの満足度が高くなり、より健康でおいしいものが完成します。ですから、第2章の「食材の選び方」を読んでおくと役立ちます。たとえば、塩素処理した水道水が問題になるのはどのような場合か、どうすれば水から塩素を除去できるのか、殺虫剤で処理した果物を摂取すべきでないのはどのような場合か、さまざまな種類の塩にはそれぞれどんなメリットがあるのか、などの情報は有益でしょう。

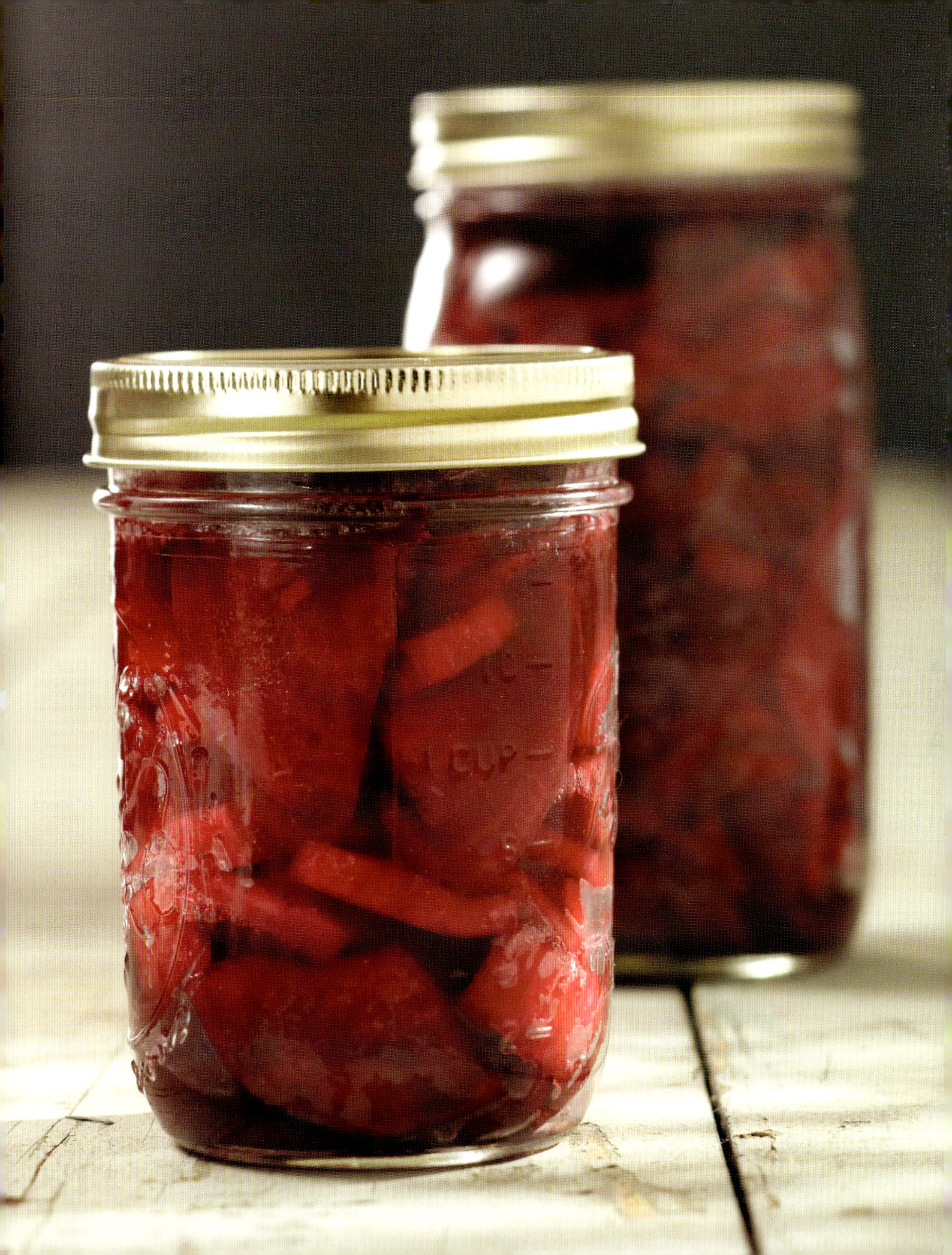
1 CUP

食べ物と楽しくつきあう

　私たちを取り巻く世界は、日々目まぐるしく変化しています。マスコミは連日のように戦争や飢饉、金融危機、大地震、津波、原子炉の炉心溶融(メルトダウン)、感染症の大流行(パンデミック)など、天災人災を問わず、さまざまな惨事を報じています。ひとつのニュースを聞きおえたと思ったら、すぐにまた次のニュースが飛びこんでくるという状況です。

　私たち1人1人の生活も、同じく混乱状態にあります。さまざまなことにつねに気を取られ、のんびりとくつろげる時間はあまりありません。インターネットの普及にともない、かつてないほどの情報やコミュニケーションや娯楽がいとも簡単に手に入り、ついつい時間とお金を費やしてしまいがちです。しかし、このインターネットのせいで、私たちのプライバシーが侵害され、心やすらぐ時間が減ったのも事実です。

はじめに　発酵の旅へようこそ

こうしたなかで、私たちが食べ物と楽しくつきあう時間など、本当にあるのでしょうか？　目を向けるべき"本当の問題"が世の中にあふれているのに、キッチンで何時間も食材をいじっている暇などあるのでしょうか？　世間の一大事をよそに、のうのうと発酵遊びにいそしんでいる場合でしょうか？

私たちを取り巻く世界の諸問題があるからこそ、食べ物を調理することとそれに伴うあらゆること、すなわち、食べ物について考え、食べ物と楽しくつきあい、食べ物について知り、食べ物を保存したり、発酵させたりすることは、たいへん有意義なことなのだと私は思います。けっしてそうした問題を棚上げにしているわけではないのです。

ですから、前述の問いに対する私の答えは「イエス」です。私たちは、食べ物と楽しくつきあってもかまわないし、そうすべきなのです。

食べ物の保存法

食べ物の保存法は、食べ物の調理法の重要な一要素です。いろいろな方法があり、家庭で簡単にできるものもあれば、大がかりな設備を必要とするものもあります。

★ 「乾燥」と「塩漬け」は、もっとも古くからある保存法です。必要な材料は、塩、熱源、新鮮な空気で、どれも簡単に手に入るものばかりです。果物、穀物、魚、肉など、多くの食べ物は、乾燥させたり、塩漬けにしたりできます。人類は1万年ほど前から穀物を栽培しています。穀物を収穫すれば、当然それを乾燥させて保存する必要があるので、乾燥という保存法は、1万年前から利用されてきたといえます。

★ 「紫外線」や「放射線」を照射したり、「高圧」で処理したりするのは、ごく新しい保存法です。私たちがスーパーで買う食品には、こうした方法で保存処理されているものがあります。ナッツ類や香辛料は放射線を照射されていることが多く、レトルト食品の一部は高圧で処理されています。こうした保存法は、家庭で行なえるものではありません。

★ 「酢」、クエン酸やアスコルビン酸のような「酸」、「化学保存料」を加えても、食べ物を長期にわたって保存できます。食品メーカーだけでなく、個人も家庭で食品添加物を利用しています。しかし、硝酸ナトリウムをはじめとする一部の化学保存料は、身体によくないと思われるので、使わないほうがよいでしょう。

★ 「缶詰」は、200年ほど前から利用されている保存法です。とても一般的かつ実用的な方法で、工場で大量に生産されるだけでなく、家庭で少量だけつくることもできます。酢や酸や化学保存料を添加することもよくあります。

★ 「冷蔵」も、ごく一般的な保存法です。現在のように電気が普及するまでは、専門業者が凍った湖から大きな氷の塊を切りだして温暖な地域へ輸送し、その氷で食べ物を冷蔵していました。現在、すくなくとも先進国では、このようなことはしなくなりました。

★ 「冷凍」は、現在もっとも利用されている食べ物の長期保存法です。電気の安定供給が必要なので、1年を通して家庭で食べ物を冷凍できるようになったのは、せいぜいここ数十年のことです。多くの人が保存法だと考えることなく、毎日食べ物を冷凍しています。

「発酵」私のイチオシの保存法

　「発酵」は、私がいちばん気に入っている保存法です。家庭での食べ物の保存にとりわけ適した方法で、昔から今に至るまで世界中で広く利用されています。その理由を挙げてみましょう。

　発酵は、あまり厳密に考えなくても大丈夫です。発酵する時間や温度、原材料の比率を変えても、概してうまくいきます。発酵に失敗したものは、ひと目でそれとわかるので、食中毒になる恐れはまずありません。

　これに対し、缶詰づくりでは、かなりの厳密さが求められます。細心の注意を払って手順を進める必要があり、缶や器具をきちんと殺菌消毒しなかったり、適切な時間や温度で処理を行なったりしないと、知らないうち有毒な菌が繁殖し、そうとは気づかないまま口にして、深刻な食中毒を引きおこしかねません。昨今は、缶詰づくりの正しい手順を記したものが出まわり、理解が広まったので、こうした食中毒は比較的すくなくなりました。それでも、私の場合、食中毒を起こすのではないかという不安から、缶詰づくりでは、あれこれ思いつきで試してみようという気があまり起こらず、楽しさが半減してしまうのです。

　発酵には、高価な装置や特殊な装置を使いません。発酵食品づくりに必要なのは、たいていの場合、野菜、塩、包丁、保存びんだけ。さらにフードプロセッサーを使えば、作業がはかどる、楽になるという場合もあります。たとえばキムチを仕込むのに、包丁で野菜を刻んだり、すり鉢とすりこ木を使ったりしたのでは、かなりの時間がかかるからです。それでも、特殊な電気器具はいっさい必要ありません。電気の力を借りなくても、つねに発酵は進み、手と腕（そして、ときには足）以外には、なんのエネルギー源もいらないのです。

　発酵は、自己永続的です。というのも、発酵食品のレシピで特別な材料が必要な場合、それはしばしばほかのものを発酵させることで得られるからです。このため、発酵食品づくりは、入手困難な材料や工業生産品を必要とする保存法よりも、文字どおり持続可能な方法だといえます。酵母がまだ店で売られていなかった時代から、人びとはワインやシードル（リンゴ酒）をつくっていました。ですから市販の酵母を使えば、時間と手間は省けますが、それは必要不可欠なものではないのです。

　発酵によって食べ物の栄養価や消化吸収率が高まり、健康上のメリットが増加します。発酵をつかさどる微生物は、酵素やビタミン類を生成し、消化しにくい食物成分を分解し、ミネラルの吸収率を高めてくれます。この点では、発酵は最高の保存法だといえます。

　発酵により、食べ物の風味が増します。とはいえ、これは人により意見が分かれ、ブルーチーズや熟成したカマンベールのほうが新鮮な牛乳よりもおいしいとか、ザウアークラウトのほうが生のキャベツよりもおいしいと、万人が認めるわけではないでしょう。一部の発酵食品は、味覚がその味に慣れてきて、徐々においしいと思えるようになるのです。

　本書で取りあげる発酵食品をじつに大雑把にカテゴリー分けした一覧表を次ページに載せています。そのカテゴリーの特徴をよく表している代表的な食べ物をカテゴリーごとにひとつずつ選びました。この表が発酵食品の全体像をつかみ、発酵食品が私たちの日々の暮らしで果たす役割を明らかにする一助となれば幸いです。私たちの大好物のほとんどは、発酵という現象なくしては、この世に存在しないのです！

はじめに　発酵の旅へようこそ

発酵食品の類型

カテゴリー	関与する微生物	代表的な食品	そのほかの食品
乳酸発酵した野菜や果物	細菌	ザウアークラウト	ピクルス、キムチ、塩レモン、サルサ、チャツネ
発酵乳製品	細菌（大半）、酵母、カビ	ヨーグルト	ケフィア、クレームフレーシュ、サワークリーム、発酵バター、チーズ
アルコール発酵飲料	酵母（大半）	リンゴ酒（シードル）	はちみつ酒（ミード）、ワイン、ビール、日本酒
乳酸発酵飲料	細菌	ジンジャーエール	ルートビア、野菜のクワス、ヨーグルトホエーや発酵野菜汁をスターターにした飲料
二重発酵飲料	細菌、酵母	酢	紅茶キノコ、ケフィア、ウォーターケフィア
発酵肉	細菌（大半）、酵母、カビ	コンビーフ	酢漬けの肉、ドライソーセージ、ハム
発酵魚	細菌	魚醤	エビや貝の醤油、熟鮨（なれずし）、シュールストレンミング
嗜好品	細菌（大半）	チョコレート	コーヒー、ある種の茶
発酵大豆	カビ、細菌、真菌	醤油	味噌、テンペ、納豆
その他	細菌	オリーブ	ケーパー、ケーパーベリー

　なによりも発酵には、魔法や信念といった要素があります。食べ物を発酵させるには、目に見えない無数の微生物たちに、腐敗を進める菌と戦ってもらう必要があります。適量の塩と空気を加えて、適温を保ち、彼らの活動に適した環境を整えて、彼らが発酵を進めるのを信じて待たなければなりません。高速インターネットやGPSナビゲーションが普及した今日の世界でも、私は仕込んだザウアークラウトがふつふつと泡立ちはじめると、いつもワクワクしてきます。自分が首尾よく微生物を口説けたのだとわかるからです。

第1章
食料の保存法

食べ物を保存するとは、食べ物が腐ったり、腐るプロセスを遅らせたりするためにさまざまな手段を講じることです。**この章では、食べ物が腐るとはどういうことか**、どういうときに腐るのか、どのようなプロセスで腐るのかについて説明したいと思います。食べ物が腐敗する状況をその要因別に解説し、腐敗を防いだり、遅らせたりする方法もお伝えします。こうしたことを知っておけば、食べ物のさまざまな保存技術や、とりわけ発酵が進むメカニズムをよりよく理解できるでしょう。

　食べ物の保存法の科学的側面をある程度知っておくのは、大切なことです。なぜなら、自家製の保存食を安全して食べられる理由や、安全性を損なわずにレシピをアレンジする方法がわかるようになるからです。たとえば、酸の働きによって食べ物が保存されるのだとわかっていれば、安心してレシピの酢のかわりにレモン果汁や紅茶キノコを用いることができます。

食料を保存するとはどういうこと？

　食料を保存するとは、その可食期間を延ばすことです。当然ながらただ食べられるだけでなく、安全性やおいしさ、風味が損なわれないこともポイントになります。

　食べ物は、遅かれ早かれ、みずからの作用により腐敗します。キャベツを丸ごとキッチンカウンターに置いておくと、数日後にはしなびてきます。虫にかじられたり、室温や湿度によってはカビが生えたりするかもしれません。夏場なら、5日も経てば、もはや食べる気にはなれない状態になるでしょう。ところが、キャベツを発酵させると、室温で数週間から数カ月間ももち、冷暗所で保管すれば、さらに長期間保存できます。かつて船乗りたちは、長期の航海にザウアークラウトを携行しました。韓国では、秋に仕込んだキムチをその冬と春の間じゅう食べています。

　果物は、キャベツよりも傷みやすいものです。ラズベリーは1日もしないうちにカビが生えることがあり、モモもすぐに形が崩れてどろどろになります。ブドウも摘んだ直後がいちばんおいしく、1週間も経つとかなり味が落ちますが、ワインにすれば、1年から50年も保存が可能になります！

　しかし、食料の可食期間を延ばそうとすると、ある問題に直面します。

　それは、ほかの生き物に食べられかねないということです。ネズミや虫から、酵母、カビ、細菌にいたるまで、大小さまざまな生き物が、私たちの食料を食べようとします。住んでいる場所によっては、シカやコヨーテ、ワシ、クマなどに狙われることもあります。こうした大型生物は簡単に見つけられますが、顕微鏡でしか見られないような微生物も、空気中、水中、そしてあなたの皮膚の上と、いたるところに生息しています！　こうした微生物から食料を守るのは、なかなかの難題です。せいぜいできることといえば、その活動を鈍らせて、一部の有用な微生物に適した環境を整え、それ以外の微生物の活動を制限することぐらいでしょう。

なぜ保存するのか？

　どうして食料の可食期間を延ばす必要があるのでしょうか？　それには歴史的にさまざまな理由があります。

* 大昔の狩猟採集民は、食料をそれほど熱心に保存しようとせず、たいていは手に入れると、すぐに食べていました。ある場所で十分な食料が見つからなければ、ほかの場所に移動したり、ときには空腹に耐えたりしていました。食料を保存できれば、ある場所で食料がなくなっても、いちいち移動しなくてすみます。

* 人類が農耕を始め、とりわけ穀物を栽培するようになると、収穫の時期にばらつきがあるという問題に直面しました。多くの農作物はほぼいちどきに収穫期を迎え、次の収穫期が来るのはかなり先です。寒冷地で暮らす人びとにとっては、とくに深刻な問題で、新しい作物を収穫できないまま、数カ月間も過ごさなければなりませんでした。食用の家畜の飼育にも、同じような問題が生じました。1頭の牛をいちどに平らげるよりも、数週間から数カ月にわたってすこしずつ食べるほうが望ましいものです。ですから、食料を保存することで、いちどに食べてしまうのではなく、すこしずつ食べられるようになりました。

* 乳を得るために家畜を飼育しはじめると、今度はそれを保存する必要が出てきました。温暖な地域では、しぼりたての乳は新鮮な状態を長くは保てないからです。そのため、ヨーグルト、ケフィア、バター、チーズなどさまざまな乳製品が生みだされました。乳製品の大半は、"保存乳"だといえます。生の乳よりもはるかに長い間室温で保存できるからです。

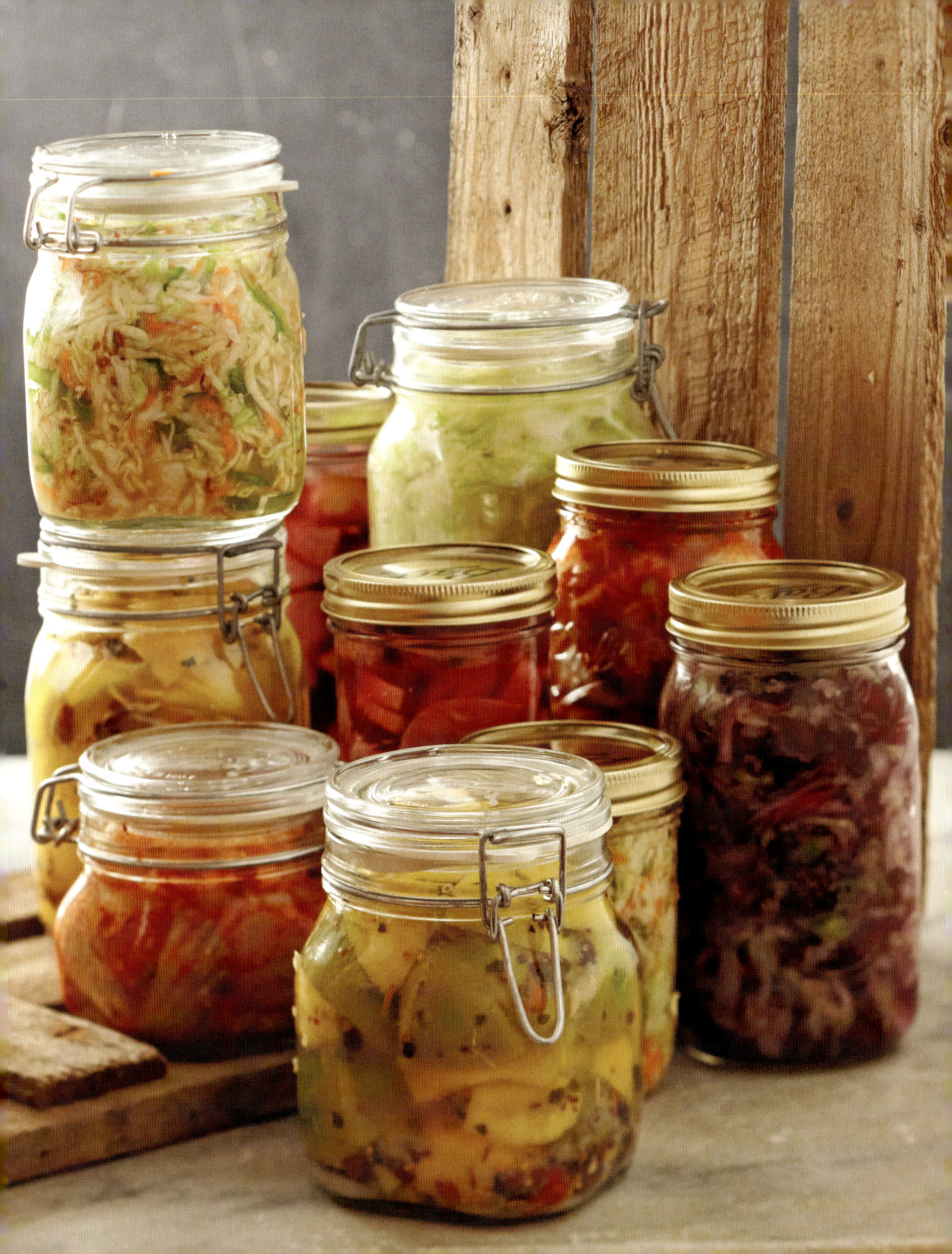

古来の手法が
現代でも用いられる理由

　昔も今も、食料を遠くまで運ぶには、保存する必要があります。その地域ならではの特産品やぜいたく品とかつては考えられていたものでも、いまでは大きな町なら簡単に手に入ります。寒冷地で暮らす人もレタスやベリーを買いもとめ、内陸地の人も沿岸部の人と同じように深海魚を食べています。冷蔵・冷凍技術が発達し、伝統的な保存法に加え、化学保存料や高圧処理、紫外線や放射線の照射といった、あらたな保存技術が普及したおかげで、こうした傾向にますます拍車がかかっています。

　食料の保存は、もともと人類が生き延びるための技術として生まれ、やがて旅や交易に欠かせないものとなり、次第に保存食ならではの特徴や魅力が発見されるようになりました。

　ワインやチーズ、パンのような発酵食品には、もとの食品にはない新たな食感や香りが生じ、消化面でも栄養面でもメリットがあります。生のキャベツよりもザウアークラウト、生の大豆よりも納豆、生のキャッサバよりも発酵キャッサバのほうが消化がよく、生のときよりもぐんと栄養価が高まります。それに生の大豆やキャッサバには、身体に有害な物質が含まれているのです！

* 探検家や旅行者、とりわけ船乗りたちは、数週間、ときには数カ月分もの食料を携行しなければなりませんでした。ある時点で、彼らは欠乏性疾患の予防のためにさまざまな食料を食べる必要があることに気づきました。たとえば、ビタミンCが不足すると壊血病になるので、船乗りたちはビタミンCに富んだ柑橘果汁やザウアークラウトなどを船に積みこむようになりました。現代でも、宇宙飛行士は宇宙船に積みこんだものしか食べられないので、同じような必要に迫られています。人類は保存食のおかげで、前人未到の地を制覇できるようになったのです。

* 探検家が世界中を旅し、東西の交流がはかられるようになると、紅茶やサトウキビなど、異国のエキゾチックな食べ物を何千キロも運搬する必要が生じました（ちなみに「エキゾチック」という言葉の語源はギリシャ語の"Exotikos"で、たんに「外から」という意味です）。そうした品々の金銭的価値と高い需要に支えられて、食料の保存技術と運搬技術が発達しました。

* アルコールはごく少量でも、有害な微生物を殺菌するのにかなり効果的です。アルコール飲料自体も発酵の賜物です。また中世の時代、ヨーロッパの一部では安全な飲み水が手に入りにくく、軽めのアルコール飲料が水がわりに飲まれていました。

細胞の分解　生きている動植物の体では、古い細胞が死ぬと、酵素の媒介によりすぐに分解、再吸収され、新しい細胞がつくられます。新しい細胞の生成が可能なのは、細胞の元となる成分やエネルギーが体じゅうに行きわたるからです。動物が死んだり、野菜や果物が収穫されたりすると、こうした循環がストップし、細胞は分解されるばかりで、それを補う新しい細胞がつくられなくなります。こうして細胞の分解が進むと、細胞から水分が失われ、細胞壁がもろくなります。古い野菜が干からびたり、どろどろに崩れたりするのは、そのためです。葉物野菜はしなしなになり、トマトや果物は柔らかくなり、夏カボチャはへこんできます。

酸化　脂肪分などを含む食べ物は、空気にさらされると酸化します。生肉やアボカド、リンゴ、ジャガイモを切ったときに切り口が茶色くなるのは、この酸化によるものです。

家庭での保存食づくり

　食料の保存に工夫を重ねた人びとのおかげで、いまや世界中で愛されている伝統的な発酵食品が数多く生まれました。なかには発酵食品だとあまり考えられていないものもありますが、世界中のほぼどの地域にも、代表的な発酵食品が存在し、ときには昔と形を変えた現代風にアレンジされています。ある人には大好物でも、ほかの人は思わずぎょっとしたり、食べるのをためらったりするものもあります。現在、世界の食卓で愛されている、さまざまな発酵食品をごく一部ですが、次ページの表にまとめました。これらの食品の多くは、表で示した地域以外でも食べられています。

> 伝統的な発酵食品には、チーズ、パン、ワイン、ビール、シードル、ザウアークラウト、コンビーフ、ソーセージ、納豆、キムチ、醬油、味噌、オリーブ、ピクルス、チャツネ、コーヒー、ある種の茶、チョコレートなどがあります。

世界の代表的な発酵食品

国・地域	代表的な発酵食品	材料
中央ヨーロッパ	ザウアークラウト	キャベツ、塩、香辛料
西アジア、中央アジア、南アジア	ヨーグルト、ケフィア	乳
韓国	キムチ	白菜、塩、香辛料
南西ヨーロッパ	ハム、ドライソーセージ	豚肉、塩
ヨーロッパ	ワイン	ブドウ
ヨーロッパ、アフリカ	ビール	穀物
北ヨーロッパ、北アメリカ	シードル（リンゴ酒）	リンゴ
西ヨーロッパ	チーズ	乳
日本	味噌	大豆、塩
東アジア	醤油	大豆、塩
北アフリカ、東南アジア	塩漬けの柑橘類	柑橘類、塩
東南アジア、東アジア	魚醤	魚、塩
世界各地	パン	小麦、水
東南アジア、アフリカ、南アメリカ	コーヒー	コーヒー豆

家庭で保存食をつくるのは、いま紹介した一般的、あるいは歴史的な要因からだけではありません。

保存食をいちからつくれば、自分が好ましいと思える方法で育てられた食材を選び、どのような方法で保存するか、どのような添加物を加えるかを自分自身で選択できます。かたや市販品では、食品メーカーがもっぱら採算性を第一に原材料や保存技術、添加物を決めています。食品メーカーが選ぶものは、私たちが選ぶものと大きく異なることがあり、必ずしもすべてが明示されているわけではありません。

自分で保存食をつくるようになれば、工業化された食料システムが麻痺しかねない将来に備え、有益なスキルを身につけられます。将来なにが起こるかは、だれにもわかりません。しかし、現在でも世界の人口は確実に増えつづけ、水不足が深刻化し、化石燃料の採掘にますます多額の費用がかかり、開発途上国での自動車需要の増加にともない、エネルギーの需要も増加の一途をたどっています。今後50年間で世界は間違いなく様変わりし、世界の食料経済が激変することも考えられます。

こうした現実的側面に加え、保存食づくりはじつに創造的な活動で、自分だけのオリジナルをつくることで自己表現もできます。手づくりならではの満足感を味わい、共通の趣味をもつ仲間たちと集まって食事をともにし、自分が食べるものをみずからの手でコントロールすることも可能になります。

昔は大半の人が、保存食づくりを行なっていました。ブタを屠ると一族全員、ときには村じゅうの人が集まり、共同でハムやソーセージをつくりました。トマトを収穫すると、トマトソースを大量につくってびん詰めし、つぎの年に使いました。現代でも、食材を自分で栽培したり、市場で旬の時期に手に入れたり、あるいはスーパーで買い求めたりすれば、昔と同じことができます。

あなたも友人と一緒に保存食をつくり、おたがいに交換してみてはいかがでしょうか。

食料保存の理論

微生物や酵素には、食べ物を腐らせるものと保存する役目を果たすものがあります。腐敗を防ぐには、腐敗を生じさせる微生物や酵素を殺したり、その活動を阻止したりしなければなりません。食料を保存するには、次にあげる6つの要因を念頭におく必要があります。微生物や酵素が食料に作用を及ぼすかどうかは、これら6つに左右されます。

1. 食料の種類 一般的に微生物は炭水化物とタンパク質を好み、脂質は好みません。多くの油脂を冷蔵庫に入れる必要がないのは、このためです。脂質は熱や光、酸素にさらされて腐敗することがありますが、これは微生物のせいではなく、純粋に化学的な現象です。

2. 酸性度 微生物は、中性と弱酸性(pH4.6-7.5)の食料を好み、アルカリ性や強酸性のものはあまり好みません。たとえばライムはとても酸性度が高い(pH2)ため、簡単には腐りませんが、ほとんどの野菜は酸性度がかなり低い(pH5-7)ので、そのまま放置しておくと腐りやすいのです。

3. 温度 微生物は、5-57℃のものを好み、温度が高すぎたり低すぎたりするものは苦手です。食べ物の温度が46℃を超えると、酵素が非活性化して壊れはじめます。

4. 時間 微生物が繁殖しやすい温度や酸性度の状態にしておくほど、腐敗が進みやすくなります。

5. 酸素 空気(厳密には酸素)のある環境とない環境では、それぞれ異なる種類の微生物の活動がさかんになります。空気を与えるべきか、遮断すべきかは、なにをつくるかによって決まります。たとえば、酢をつくる酢酸菌は、発酵を進めるのに酸素のある環境を必要とし(好気性)、ザウアークラウトをつくる乳酸菌は、酸素のない環境を好みます(嫌気性)。

6. 湿度 一般的に微生物が好むとされる含水率は、85-97%です。そのため、食料を乾燥させたり、保存液に浸したりしておけば、腐敗を防ぐことができます。

微生物と酵素はなぜ必要？

　微生物は、菌やカビなどのように顕微鏡でしか見られないほど小さな生物です。酵素は、生物が生きていくうえで必要なさまざまな化学反応に触媒として作用するタンパク質です。

　微生物には、人間に有益なものと有害なものがあります。同じく酵素にも、人間に役立つものとそうでないものがあります。人間の体内では、微生物の一種である細菌が食べ物の消化を助けています。健康的な人間では、その身体を構成する細胞の数よりも、体内にいる細菌の数のほうがはるかに多いといわれています。ところが、病気になったり抗生物質を服用したりすると、体内の細菌叢が激減するため、それを回復しなければならなくなります。そのためには、発酵食品を食べたり、プロバイオティクス（身体によい働きをする善玉菌）のサプリメントを摂取したりするとよいでしょう。

　昨今は、プロバイオティクスの必要性がマスコミでさかんに取りあげられています。食品メーカーはそこに目をつけ、自分たちの商品にプロバイオティクスが含まれていると熱心に宣伝しています。あるメーカーは、自社独自のプロバイオティクスの品種を開発し、それを特許化して、自社のヨーグルトに加え、それがいかに消化によい働きをするか、それが史上初で唯一のプロバイオティクスヨーグルトであるかのように（他社のヨーグルトの多くにもプロバイオティクスが含まれていることにはふれずに）大げさに宣伝しています。しかし、このメーカーのヨーグルトには、砂糖のほかにも、増量剤などの不要な添加物が含まれているので、スーパーの棚ですぐ隣に並んでいる、より控えめなヨーグルトよりもけっして消化によいとはいえないでしょう。

　微生物のなかには、もともと人間に好ましくない働きをするものがあり、食べ物の風味を損ねたり、さらには有毒な成分を生じさせたりします。そうした微生物に汚染されたものを食べて具合が悪くなることを、食中毒といいます。一般的に命にかかわる恐れがある食中毒の原因となるのは、サルモネラ菌、ボツリヌス中毒を引きおこすボツリヌス菌、そして死に至ることもあるタイプの大腸炎を引きおこす病原性大腸菌O-157です（だだし、大腸菌は人間の腸内にももともと生息しており、それらはなんの問題も起こしません）。

　酵素は、人間の体内で起こる消化や代謝といった重要な化学反応を助けています。"ローフード"といわれる食生活を信奉する人びとは、食べ物に含まれるすべての酵素を摂取する必要があると信じており、加熱によって酵素が破壊されるのを防ぐために、食べ物をなるべく生のまま（あるいは、ごく低い温度で調理して）食べています。

　酵素は、食べ物を消化します。人間の口の中や消化管に存在するのと同じタイプの酵素の多くは、私たちが食べるものにも含まれています。ですから、食べ物をキッチンカウンターに長時間放置しておくと、自己消化が起こります。たとえば、アミラーゼはでんぷんを糖に分解する酵素で、野菜では鮮度をおとす働きをし、人間の体内では野菜の消化に使われます。

食べ物の腐敗を遅らせるには？

腐敗の進行をいかに防ぐかは、保存法により異なります。ここでは、家庭での保存食づくりでよく利用される方法について説明します。

* 冷蔵や冷凍が保存法として効果的なのは、大半の微生物の代謝や酵素の活動を低温下で大幅に抑制し、氷点下では基本的にとめてしまうためです。冷蔵や冷凍により、栄養素が大きく損なわれることはありませんが、解凍時に食材の細胞壁が破壊され、食感が悪くなることがあります。

* 酸性の液体に漬けると、食品を手軽にすばやく保存できます。これは発酵のプロセスでも、酢を加えることでもできます。大半の微生物や酵素は、強酸性下では活動できません。酸とともに安息香酸ナトリウムなどの化学保存料を添加する人がいますが、こうした保存料のなかには身体に有害なものもあるので、注意しましょう。

* アルコール漬けでも、食品を保存できます。アルコール濃度が高くなると、食品の含水率が下がるので、微生物や酵素は破壊されたり、活動を阻害されたりします。

* 乾燥や塩漬け、砂糖漬けでは、食品から水分を抜き、微生物や酵素が活動できない状態にします。

* 缶詰やびん詰めは、加熱によって微生物や酵素を完全に破壊し、容器を密閉することで、ふたたび微生物が侵入できないようにする保存法です。缶詰やびん詰めのメリットは、適切に行なえば、何年間も保存が可能なことです。いっぽうデメリットは、① 適切に処理されないと、容器内でボツリヌス菌が繁殖し、悲惨で、ときには命にかかわる事態（ボツリヌス中毒）を引きおこしかねないこと、② 加熱処理により、熱に弱いビタミンが減少し、酵素が破壊されてしまうことです。

* 「コンフィ」という保存食は、塩をまぶした肉を油脂に浸し、低温でじっくり加熱して水分を飛ばしたあと、そのまま脂漬けして嫌気性の環境を保つもので、数カ月間保存できます。

* 乳製品には、糖分を酸に変える、水分を抜く、脂肪分を分離する、加熱して微生物や酵素の働きを抑えるなど、製品ごとに独特の保存法があります。

* 発酵のプロセスには、今紹介した保存法の多くが含まれています。酢もアルコールも発酵食品ですし、乳製品の保存法の大半も発酵作用によるものです。

最先端の食料保存技術

紫外線照射や高圧処理、パルス電界処理などの新技術が、現在、食品の殺菌消毒に利用されています。なかには、必要最低限の実験を行なっただけで実用化され、消費者にほとんど知らされることなく使われている技術もあります。本来ならこうした新技術は、予期せぬ結果を招かないか、20年ほど検証を続け、コストとメリットを慎重に考慮したうえで、消費者みずからが安全と思われる技術を選択するのが理想的です。ところが実際は、十分な情報公開がなされておらず、生産者から直接食材を入手しないかぎり、食品にどのような処理が施されているかはなかなかわかりません。

ケーススタディ：リンゴ

　いまからリンゴがたどりうる、さまざまな運命について考えてみましょう。

　自然に木から落ちたリンゴは、たいてい虫や鳥、小動物、ときには（クマなどの）大型の陸上動物に食べられます。とくに落下の際に枝で実に傷がつくと、微生物やカビなどが生えやすくなります。皮が破れ、むきだしになった果肉は、酸化して茶色くなります。天候によっては、リンゴはしなび、干からびてしまうでしょう。

　でも、その気になれば、このリンゴにもっと明るい未来をもたらすことができます。

　まず、丁寧に木からもぎとり、適度な湿度が保たれた冷暗所で（ただし凍らないように）保管します。最適な状態を保てば、生のリンゴでも数カ月間は保存できます。

　または、リンゴの芯をくりぬいて、薄くスライスし、乾いた熱い場所で乾燥させます。なめし革やポテトチップのようになるまで乾燥させ、湿気らないようにしておけば、数カ月間は保存できます。

　リンゴをピューレにしてもよいでしょう。好みでレモン汁を加えて煮つめ、びん詰めして、ふたたび加熱処理をします。こうすれば、きわめて長期間保存できますが、先に紹介した2つの方法よりも多くのビタミンや酵素が失われます。

　最後に、リンゴを発酵させることもできます。好みでほかの果物や野菜、香辛料を加え、適切な微生物の助けを借りれば、チャツネができます。リンゴの汁をしぼり、酵母を加えて（あるいは、なにもせずに運まかせで）、1、2週間ほど待てば、おいしいシードルもつくれます。

シードルづくりの道具

ケーススタディ：キャベツ

　つぎは、キャベツがたどる運命をみてみましょう。まずは、キャベツを収穫し、暑い日に畑にそのまま置いておきます。すると、所どころ虫や動物にかじられるでしょう。じきに腐りはじめますが、これはさまざまな種類の微生物に食べられたり、キャベツ自身の酵素により分解が始まったということです。

　このキャベツを家に持ちかえれば、次のような手段で保存できます。

冷蔵する　冷蔵庫や地下食料庫などの低温下で保存すれば、腐敗の進行を大幅に遅らせることができます。

びん詰めする　キャベツを加熱し、滅菌した密閉容器に入れて加圧密閉すれば、安定した状態で、数カ月から数年にわたり保存できます。

発酵させる　キャベツを塩水に浸して密閉し、適切に保管すれば、腐敗とびん詰めの間をとるような形で、よりよい状態にできるでしょう。こうして発酵させたキャベツはとてもおいしく、身体によい微生物を豊富に含んでいます。

ケーススタディ：牛乳

　牛乳が傷むから、テーブルに出しっぱなしにしてはいけませんと、子どものころ親に注意された人は多いでしょう。牛乳の腐敗の進行を言いあらわすには、あまりにも簡略化された言い方だと思いますが、それはさておき、牛乳はテーブルに出しっぱなしにしたり、冷蔵庫に入れたりする以外にも、以下のような方法をとることができます。

　全乳（ただし、脂肪を均質化させたホモ牛乳でないこと）の表面に浮かぶクリームをすくいとれば、このクリームでバターがつくれ、生乳よりも長く保存できます。

　牛乳に特定の微生物を加えて保温すれば、酸味のある乳製品ができます。これがヨーグルトです。プロバイオティクスを豊富に含み、消化によく、生乳よりも長く味が変わりません。

　別の種類の微生物を加えて加熱し、さまざまな方法で牛乳を分離して、熟成させると、チーズをはじめとする多種多様な発酵乳製品がつくれます。

細菌、酵母、カビ

微生物とは、顕微鏡でしか見えないほど微細な生物です。私たちが大好きな発酵食品をつくりだす微生物は、たいてい細菌か酵母です。また、日本酒、一部のチーズや発酵肉、一部の発酵大豆などは、特定のカビの力により、独特のにおいや風味をもつようになります。ちなみに酵母もカビも、マッシュルームなどのキノコと同じ菌類の一種です。

一般的に、酵母は食材の糖分を分解して、アルコールを生成し、細菌は糖分やデンプンやアルコールを分解して、酸を生成します。アルコールも酸も、食料を保存する役目を果たします。

酸が生じて酸っぱくなった食品では、大半の微生物が繁殖しにくくなります。酸性の環境下でも活動できる微生物は、さいわい、私たちが口にしても安全なものです。その多くは、人間の体内にも生息していて、消化を促進してくれる細菌なのです。

食材のアルコール含有率が高くなるほど、含水率が下がるので、ある種の微生物が生息しにくくなります。また、アルコールそのものも、一部の微生物に対して毒性をもっています。アルコール濃度が高くなりすぎると、アルコールを生成する酵母自身にも有毒になるので、発酵飲料では、およそ20％がアルコール度数の上限です。それよりも度数を上げるには、蒸留を行なう必要があります。これは、アルコールの沸点が水よりも低いことを利用して、アルコールを水から分離する方法です。ブランデーやウォッカのような強いアルコール飲料は、こうしてつくられた蒸留酒です。

発酵に使われる微生物の種類

細菌	酵母	カビ
ザウアークラウト	日本酒	日本酒
キムチ	ワイン	チーズ（一部）
ピクルス	ビール	醤油
その他の発酵野菜	リンゴ酒（シードル）	テンペ
ヨーグルト	はちみつ酒（ミード）	
チーズ（一部）	パン	
ケフィア	ケフィア	
酢	酢	
紅茶キノコ	紅茶キノコ	

食料は、どの時点で保存される?

　発酵とは、微生物の働きにより食品が有用な成分変化を起こすことです。発酵をつかさどる微生物は、おもに細菌と酵母で、これらはもっぱら食品に含まれている炭水化物(糖分)に作用します。

　食品は、どの時点で保存されたといえるのでしょうか? それは、よい微生物の活発な活動と化学的な環境によって"有害な"微生物の働きが抑制され、酵素による分解も抑えられている状態になったときです。

　さらに工夫次第では、私たち人間がほとんど手をかけなくても、食材をみずから発酵させ、長く保存することが可能です。微生物の力を上手に利用して、その働きをうながせば、彼らがみずから酸やアルコールつくりだすので、人間がわざわざ加える必要はありません。発酵が順調に進めば、完成した発酵食品が、発酵前よりもまずくなることはまずないでしょう。

キュウリのピクルス(レシピはp.82を参照)

発酵とはなにか？
発酵のプロセスを知る

発酵食品づくりの手順を簡単にみてみましょう。

→ まず必要なのは、食材です。食材には炭水化物が含まれていなければならず、野菜や野菜のしぼり汁、果物や果汁、穀物、牛乳、肉などが適しています。食材に炭水化物（たいていは砂糖）を加えてから、発酵させてもかまいません。たとえば紅茶キノコは、紅茶に砂糖を加えて、つくります。

→ つぎに必要なのが、微生物です。発酵に利用する微生物は、さまざまな方法で入手できます。

　1　もともと食材の表面についている（とくに生のキャベツをはじめ、カブ、ブロッコリーなどアブラナ科の野菜の場合）

　2　すでにできあがっている発酵食品を利用する（これからつくるものと同じものを使う場合と違うものを使う場合がある。たとえば、ヨーグルトづくりではヨーグルトを、ザウアークラウトづくりでは、ザウアークラウトの漬け汁を種菌として使うが、フルーツチャツネでは、ヨーグルトから分離した乳清（ホエー）を使う）

　3　市販されている種菌を買ってくる

→ さらに、場合によっては、よい微生物が活動しやすいように塩を加えます。塩によって食材からしみでた水分により、有害な微生物の活動が抑制されます。

→ 発酵させたい食品を空気にさらしてもいいかどうかをよく考え、それに応じた容器に入れます。たとえばザウアークラウトは、とりわけ発酵の初期段階では空気に触れないようにします。いっぽう、紅茶キノコや酢は、発酵のために空気を必要とします。

→ 発酵をうまく進めるには、適温を保てる(比較的)暗い場所に容器を置きます。発酵をつかさどる細菌や酵母は、たいてい日光が苦手です。発酵に理想的な温度は10℃から43℃と、食材や関与する微生物の種類により幅があります。発酵食品の貯蔵には、地下貯蔵庫(ピクルス)、地下蔵(チーズ)、地面に掘った穴(キムチ)などの冷暗所が適しています。

→ あとは、小さな仲間たちが魔法をかけてくれるのをひたすら待ちます。発酵に要する時間はさまざまで、数日から数カ月、あるいはそれ以上かかる場合もあります。

発酵に要する時間と温度

食 品	発酵の時間	発酵の温度
ザウアークラウト、キムチ	4日－4カ月	10－30℃
ヨーグルト	12－24時間	40－45℃
ケフィア	12－24時間	10－40℃
チーズ	数日－数カ月	さまざま
シードル	1－6週間	5－20℃
紅茶キノコ	5－15日間	20－30℃

発酵食品はなぜ身体によい?

　食べ物の保存法のなかには、食べ物がもつ栄養素に好ましくない影響を与えるものがあります。たとえば、缶詰では、微生物が完全に死滅するまで加熱するため、消化を助ける酵素まで破壊され、多くのビタミン（異論はあるものの、通説では、ビタミンA、ビタミンC、ビタミンD、ビタミンE、およびビタミンB群の一部）も減少または損失してしまいます。

　また、化学保存料の多くは人間の健康に悪影響を及ぼし、なかには発がん性物質として知られているものもありますが、食品の製造現場から姿を消すことはありません。大手食品メーカーは、コストが安いこと、微生物を殺し、酵素の働きを阻害することで食品製造時の不安材料を払拭できることから、こうした化学物質を使いつづけているのです。

　さらに、放射線や紫外線の照射、高圧処理、パルス電界処理などの新技術は、まだ十分な検証がなされていません。多くの人がこうした技術を問題視したり、将来的に大きな問題になるだろうと考えています。

　いっぽう食材を発酵させると、その栄養価がアップします。発酵には、次のようなよい点があります。

　発酵により、食材の栄養素が保持されます。 発酵では高熱処理を行なわないので、食材のビタミンや酵素がそのまま保たれます。さらに発酵の過程で、ビタミン（とりわけビタミンB群とビタミンK_2）やある種の酵素があらたにつくりだされます。

　発酵により、身体によい微生物が増え、すこやかな身体づくりを助けます。 発酵をつかさどる微生物は、たいていそれ自体も人間の身体にうれしい働きをします。たとえば、スーパーで売られているプレーンヨーグルトには、プロバイオティクスが豊富に含まれています。人間の消化管に生息する善玉菌は、免疫系が正常に機能するうえで重要な役割を果たしていることが最近の研究で明らかになり、代替療法の世界で長年言われてきたことが裏づけられました。

　発酵により、炭水化物の消化が促進されます。 消化されにくいある種の炭水化物が、発酵の過程で分解されます。たとえば、生のキャベツには、腸内ガスの元となる多糖類が含まれていますが、発酵を進める微生物がこの多糖類を分解するため、腸内ガスが発生しにくくなります。また、一部の人は、乳糖の分解に必要な酵素が体内にないため、低温殺菌牛乳を飲むと、おなかがゴロゴロしてしまいます。ところが、こういう人でも、ヨーグルトやチーズ、サワークリームなどはたいてい問題なく食べられます。これは、発酵により大部分の乳糖が分解されているからです。こういう人は、低温殺菌されていない牛乳なら、たぶん飲めるでしょう。低温殺菌されていない牛乳には、乳糖分解酵素のラクターゼが含まれていますが、この酵素は牛乳を低温殺菌する際に破壊されてしまうのです。

発酵食品のよい点

* 食材に含まれているビタミンを保持し、ときには増加させる
* 食材に含まれている酵素を保持し、ときには増加させる
* 人間の身体に有害な化学保存料を使わない、健康的な食品である
* まだまだ検証が不十分なハイテクの保存技術を使わない、安全な食品である
* 食材の栄養素を身体に吸収しやすくする
* 消化不良を起こしにくい

「発酵」と「ピクルス」

　すべてのピクルスは発酵させてつくるわけではなく、すべての発酵食品がピクルスにされているわけでもありません。しかし、両者には共通する部分が数多くあります。

　"ピクルス"とは、酸性の液体に漬けられた保存食です。生野菜を酢のような酸性の液体に漬けてピクルスにしますが、これは発酵食品ではありません。ただし、酢そのものは、発酵作用によりつくられるので、酢漬けのピクルスは間接的には発酵によるものです。

　一般的に野菜を発酵させると、自然に酸性の液体がつくられます。ですから、発酵野菜は、発酵食品であり、ピクルスであるともいえます。

　ワインやシードルのようにアルコール発酵させたものは、発酵食品ですが、ピクルスではありません。

キッチンラボの道具たち

　私の経験からいえば、「ボール」社製の保存びんは、刻んだりカットした野菜、チャツネ、サルサ、ヨーグルトなど、大半の食品を発酵させるのに適しています。エアロックと落し蓋がついた「ピクル・イッツ（Pickl-It）」というガラス容器は、これらすべての食品のほか、キュウリなどの野菜を丸ごと漬けたり、食材を重石で完全に漬け汁に浸ける必要がある場合に重宝します。「ハーシュ」社製の陶器壺は、ザウアークラウトやピクルスづくりによく使われるアイテムですが、個人的には、さほど使いやすいとは思いません。かなり大きくて重いですし、値段も高価なので、万人におすすめできるものではないかもしれません。

　ざるやコランダー（底に穴のあいたボウル型の調理器具）は、大きい野菜を洗うこともあるので、小さいものより大きいもののほうが断然便利です。キッチンツールは、アルミ製よりステンレス製のほうがすぐれています。ステンレスは、アルミと違い耐酸性があるので、溶けだす心配がなく、食器洗い機でも洗えるからです。

　包丁は、無理なく扱える範囲で、なるべく大きいものを選びましょう。刃渡り20cmか25cmのものがおすすめです。大きい包丁なら、大きい野菜も楽にカットでき、小さいナイフよりも1回でたくさんの食材を切り刻めます。

　私が愛用している野菜ピーラーは、「スター」社製のものです。

　底が角ばっている鍋よりも、丸みのあるソースパンのほうが、食材をかき混ぜたり、洗うときに便利です。また、アルミ芯の鍋のほうが、ステンレス単体の鍋よりも、鍋全体にムラなく熱が伝わり、底面だけでなく、側面からもしっかり加熱できます。なお、酸性の食材は、ア

発酵食品づくりに使われるさまざまな容器（左上から時計回りに）：スイングトップ式のガラス保存びん、ハーシュ社製の陶器壺、エアロックつきの発酵容器「ピクル・イッツ」、ボール社製の保存びん2つ、ハーシュ社製の陶器壺用の重石

発酵食品づくりに便利なキッチンツール（左上から時計回りに）：円すい形の水切り、ステンレス製の大型ボウルとコランダー、ボックス・グレーター（箱型のおろし器）、刃渡り25cmの包丁、野菜ピーラー、計量スプーン、全面ステンレスでアルミ芯の多層構造のソースパン、チーズづくり用の温度計、木製まな板

ルミ製の器具に長時間ふれないように注意しましょう。
「カルファロン」社製の3層構造の鍋（上に写真掲載）は、使いやすい中型のソースパンです。

発酵食品づくりに用いる器具（左上から時計回りに）：保温材入りのランチバッグ（ヨーグルトづくりに便利）、4ℓの計量カップ、保存びん2つ、フードプロセッサーと付属のスライサー（スライス用の刃）、ざる、木製スプーン、デジタル計量器、ガーゼ

たくさんの食材をひんぱんに切り刻む必要があるのなら、フードプロセッサーを購入してもいいかもしれません。時間を大幅に節約でき、指先を怪我することも減るでしょう。発酵食品づくりやパンづくりを楽しんだり、料理本のレシピをよく試してみる人なら、材料の重さを正確にはかれるデジタル式の計量器も重宝します。

　深鍋は、アルミ製ではなくステンレス製のものを選び、容量は最低でも9.4ℓはほしいところです。それでも、チーズづくりで大量の牛乳を温めたり、シードルやビールを醸造するのに大量の液体を温めたり、鶏がらや牛の骨から大量のブイヨンをつくるには小さいと感じるかもしれません。アルコールを醸造させるカルボイ（大型ガラスびん）は、自家醸造酒の専門店かインターネットで入手できるでしょう。右の写真のカルボイは、もともとはスーパーマーケットで売られていたシードル用のガラスびん（3.8ℓ）です。オートサイフォンも、おそらく自家醸造酒の専門店で手に入るでしょう。これがあれば、びん底に沈んでいるオリを混ぜることなく、上澄みだけを大きなびんからくみだせます。

チーズづくりや醸造酒づくりの道具（左上から時計回りに）：ステンレス製深鍋（9.4ℓ）、エアロックつきカルボイ（3.8ℓ）、オートサイフォン、温度計、木製まな板

キッチンラボの道具たち

第 2 章
材料について知る

とびきりおいしくて、栄養たっぷりの発酵食品をつくるには、**_最高の食材を選ぶことが大切_**です。

　"最高"の食材は、さまざまな要素で決まります。まずは、鮮度です。総じて新鮮な食材を使うほど、よいものができあがります。新鮮な食材を手に入れたければ、旬の時期に地元で収穫されたものを選ぶのがいちばんです。食材の生産方法も、ポイントになります。工業化された生産方法をなるべく介さずにつくられたもののほうが、おいしくて、身体にもよいでしょう。有機栽培はもちろん結構なことですが、大切なのはそれだけではありません。食材そのものの遺伝的な特徴も重要です。昨今は遺伝子組み換え作物が普及していますが、こうした作物は、従来の作物とまったく同じではないことがわかっています。十分に検証されないまま、市場に普及しているので、あなた自身が実験台になりたくなければ、こうした作物は避けるのがいちばんでしょう。

　水や調味料は、不純物が混じっていないことがポイントです。水を使うレシピでは、純粋な水を使うほど、よいものができあがります。たとえば、水道水によく含まれている塩素は、除去する必要があります。私たちの身体に好ましくないうえ、発酵の妨げにもなるからです。スーパーで売られている食塩の多くにも、防湿剤など、さまざまな化学物質が添加されています。こうした物質は、塩の味を悪くするうえ、発酵の妨げにもなります。

　安心安全で、混じりけのない食材を確実に手に入れるには、できることなら、最初から自分で育てるのがいちばんです。これは、あなた自身やあなたの家族、そして地域社会のためにできる、たいへんすばらしいことです。

鮮度は、なぜ大切?

　総じて新鮮な食材を使うほど、おいしいものができます。それは、次のような理由からです。

★ 生の食材には、もともと酵素が含まれています。野菜を収穫すると、その酵素が野菜を分解しはじめ、野菜が次第にしなしなになります。肉でも同じことが起こりますが、多少は分解が進んだほうが、柔らかくなり、口当たりがよくなります。

★ 食材がもつ独特の風味やビタミンは、熱や日光、空気にさらされるうちに減ってきます。

有機栽培の新鮮な白菜は
発酵させるのに最適な食材

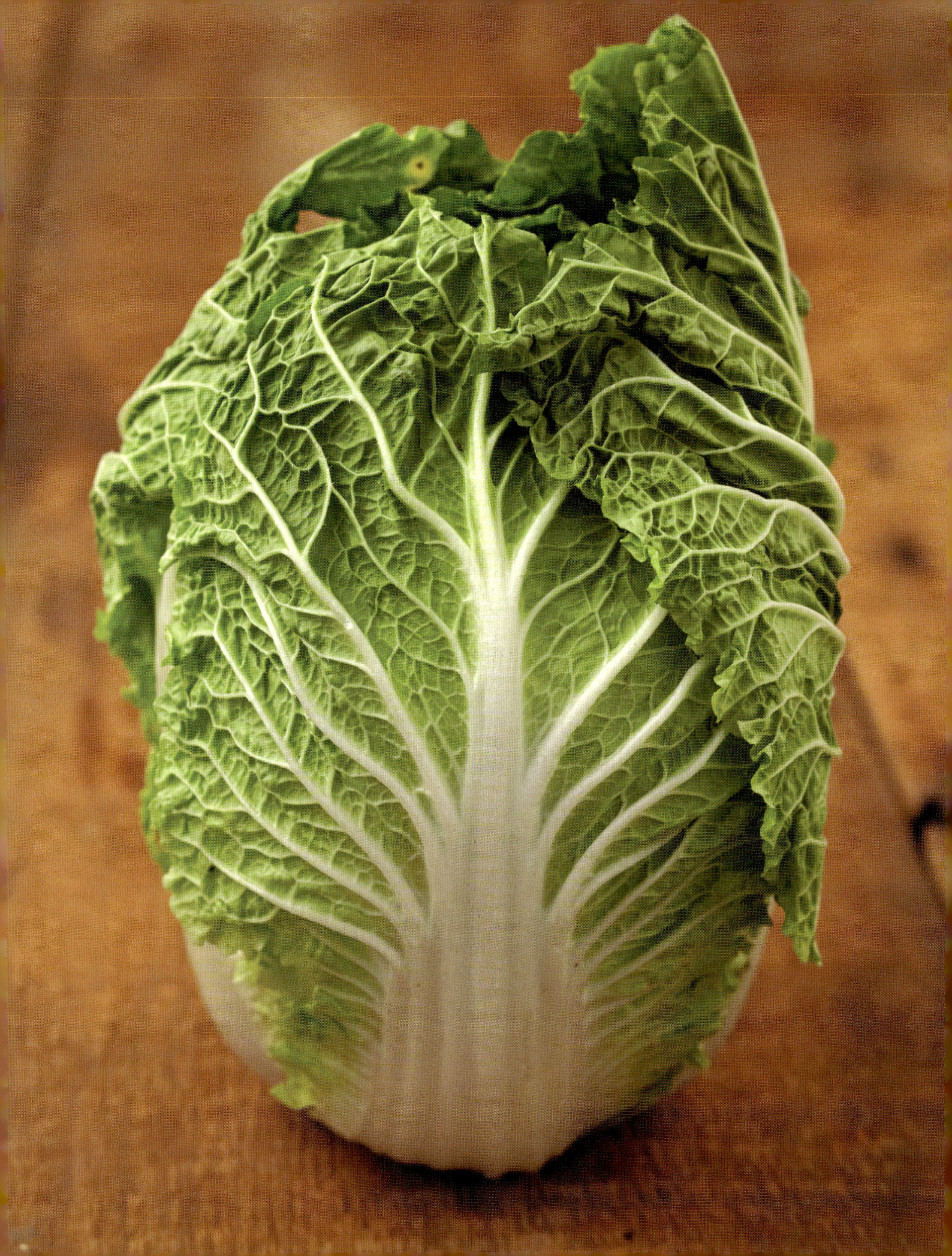

旬の時期に地元の食材を買う

　農家の直売所や市場で野菜を買うと、売っている人に野菜の収穫時期や栽培地、栽培方法などについて直接訊くことができます。

　スーパーで野菜を買うと、こうした情報は入手できません。また、とりわけ産地が遠方になると、直売所や市場のように"とれたて"というわけにもいかないでしょう。産地にしても、たいていは生産国が表示されている程度で、それ以上のことはわかりません。

有機栽培野菜を買う

　アメリカでは、「オーガニック」「USDA（アメリカ農務省）認定有機農産物」「100％有機栽培農産物」と表示されている農作物は、法律で定められた特定の方法で栽培されています。使用できる化学肥料や農薬、除草剤の種類が決められていて、生産者は登録認定機関に認定料を支払わなければなりません。

　アメリカ以外の国や地域でも、同じような有機表示制度があります。たとえば、EUの有機認証ロゴを農作物に表示するには、所定の手続きに従って申請し、特定機関の検査を受けて、有機認証を取得する必要があります。

　"オーガニック"という表現がこのように法律で規定されるまでは、この言葉は、工業化された生産方法を使わず、土壌改良なども行なわず、"自然"な方法で栽培された農産物のことを指す話し言葉でした。

晩春のビーツとカブをスライスして混ぜ、塩漬けにする

法律化されていない従来の"オーガニック"農作物の問題点は、具体的な基準がなく、なんの規制もなかったので、ただ生産者の言うことを信頼するしかなかった点です。いっぽう、新しい公的制度における問題点は、小規模農家などでは、金銭的な負担が大きすぎて、有機認定料を支払えない場合がある点です。また、新制度の導入で、「オーガニックか、ノンオーガニックか」という単純な図式ができあがり、地場産品かどうか、旬のものかどうか、店頭に並ぶまでにどれくらい時間がかかっているかなど、オーガニック以外の重要な要素がおろそかにされかねません。

　とはいえ、スーパーで食材を買う場合は、やはりオーガニック製品のほうが、そうでないものよりも安心です。

　次のような場合、有機栽培の野菜や果物を選ぶのがとくに重要となります。

1　農作物の外皮や外側の部分を食べるつもりのとき（リンゴ、ブドウ、イチゴ、柑橘類など）

2　農薬が大量に使用されがちな農作物や、農薬を吸収しやすい農作物を購入するとき（パプリカ、セロリ、リンゴなど）

3　病気の人や高齢者、免疫系が過敏な人や弱っている人に食事をつくるとき

　アメリカの環境団体「環境ワーキンググループ（EWG）」では、「農作物の残留農薬に関する買い物ガイド」を毎年発表しています。このガイドには、オーガニックでない野菜や果物の潜在的な危険性を判断するのに役立つ情報が記載されています。

柑橘類は、栽培地が限られているので、購入前に生産者とじっくり話はできないだろう

鮮度は、なぜ大切？

セロリルート（セルリアック）

　農家の直売所や市場などで生産者と直接話ができるなら、どのように農作物を育てているのか、なぜ有機認証作物を栽培しているのか（いないのか）、なぜそのように決断したのかなどについて、じっくり話を聞いてみるとよいでしょう。「有機認証作物」が、かならずしも"自然な形に近い"とはかぎりません。とくに肉や卵、乳製品の場合はそうです。たとえば、いちども戸外に出たことがなく、健康維持に欠かせない自然の虫も食べたことのない鶏が産んだ卵でも、有機認証を取得している場合があります。そのいっぽう、地元の小規模農家が、とても新鮮で栄養豊富で、ほぼあらゆる面で先述の卵よりもすぐれた卵を生産していながら、有機認証を取得していないこともあります。

　また、大規模に生産されている有機栽培の野菜や果物は、地元農家のものにくらべて、収穫、加工、包装、輸送時に汚染される可能性が高いでしょう。

遺伝子組み換え作物

　遺伝子は、あらゆる生物の設計図です。遺伝子組み換え作物とは、異なる種、それもまったく違う種から取りだした遺伝子を特定の作物に導入して遺伝子操作を行ない、新たな形質を与えた作物のことをいいます。たとえば、アメリカで流通しているトウモロコシには、グラム陽性桿菌という細菌の遺伝子がかなりの割合で組みこまれています。この遺伝子操作により、トウモロコシは特定の害虫に対して毒性をもつようになり、殺虫剤を散布する必要性が減るというメリットがあるといわれています。

　遺伝子組み換え技術を開発・販売する企業の関係者をはじめとする一部の科学者は、遺伝子組み換え作物は人体には無害だと主張しています。そのいっぽう、遺伝子組み換え作物は危険なもので、アレルギーや自己免疫疾患、ミツバチの個体数の減少など、現代特有の問題の一因となっていると指摘する科学者もいます。後者の科学者いわく、遺伝子組み換え作物は規制認可の手続きがあまりにも短すぎて、人間や動植物、さらには生態系全体に対する長期的な影響を十分に検証できていないというのです。

　どちらの主張が正しいのか、はっきりとするまでは、遺伝子組み換え作物は食べないほうが賢明でしょう。すくなくとも、双方の主張について自分自身でよく考え、食べるか食べないか、より厳密にいえば、今後も食べつづけるかどうかを判断したほうがよいでしょう。というのも、よほど注意していないかぎり、私たちは遺伝子組み換え作物をすでに長年食べつづけているからです。

遺伝子組み換え作物を食べないと決めたなら、つぎは、どのように遺伝子組み換え作物を見分けるかが重要です。

* ヨーロッパの大半、ロシア、日本など、多くの国では、遺伝子組み換え作物の表示が義務づけられています。

* アメリカでは、遺伝子組み換え作物の表示は義務づけられていませんが、有機栽培作物として認証されているものなら、遺伝子組み換え作物でないことが保証されています。加工食品でも、「100％有機栽培」と表示されていれば、遺伝子組み換え作物は原材料に含まれていません。ただし、「オーガニック」としか表示されていないものは、遺伝子組み換え作物が原材料に多少は含まれている可能性があります。

* 毎年、さまざまな遺伝子組み換え作物が人間の食用として認可され、関連する法規制も変更されています。

　賛成派と反対派、双方の主張など、遺伝子組み換え作物に関する最新情報は、科学雑誌に掲載されますが、重大な情報なら、即座にインターネット上で公開され、さまざまな意見が寄せられます。最新の動向が気になる人は、インターネットでチェックしてみましょう。

水

　発酵食品のレシピでは、水や塩水を使うものがあります。水道水には、塩素や塩素の代用品であるクロラミンが含まれています。塩素やクロラミンは、微生物の繁殖を抑えるために水道水に加えられ、首尾よく効果を上げています。しかし、発酵をうまく進めるには、微生物を増殖させる必要があります！　ですから発酵食品をつくるときは、塩素やクロラミンを水から極力取り除くことが重要です。

　効果のほどはそれぞれですが、塩素やクロラミンは、次のような方法で水から除去できます。

* 半日から1日ほど、ふたのない容器に水道水をくみ置きしておくと、塩素が空気中に揮発します。この方法は、クロラミンにはあまり効果がありません。

* 水道水を数分間煮沸してから冷ますと、塩素ガスが蒸発します。

* カーボンフィルターでろ過します（ピッチャータイプ、水道の蛇口に取りつけるタイプ、シンクの下に設置するタイプなどがあります）。

* 逆浸透膜（RO膜）フィルターでろ過します。このフィルターは、大きなホームセンターやインターネットで入手できます。

　実用性を考えると、塩素やクロラミン以外にも問題となりうる物質を除去できる逆浸透膜フィルターがいちばんでしょう。たとえば、水道水にはフッ化物、残留農薬、残留化学肥料、医薬品残留物、揮発性有機化合物、重金属などが含まれていることがあり、国や地域によってはアメーバや原虫に汚染されているおそれもあります。だれでも、こうしたものは口にしたくありません。

　大半の地域では、水道局や水道事業者に依頼すれば、水道水の水質検査結果を提供してもらえるはずです。

塩

　ふつうに購入できる塩では、海塩がいちばんです。海塩は、マグネシウム、硫黄、マンガン、ホウ素、ケイ素など、人間の身体に欠かせない微量ミネラルを含み、白ではなく灰色がかった色をしています。

　よい海塩が見つからないとき、あるいは用途のわりに値段が高すぎるとき、直接摂取するわけではない大量の塩水をつくるときは、添加物が混じっていない純粋な塩を選んでください。原材料の表示ラベルをチェックしましょう。

　食卓塩には、たいてい防湿剤が含まれています。また、甲状腺腫を予防するためのヨウ素など、健康増進を目的にした添加物が混ぜられている場合もあります。こうした添加物は、食材の味を悪くするうえ、発酵のプロセスを妨げるおそれもあります。

塩は、発酵食品づくりに欠かせない大切なもの。写真は、海塩をガラスびんに入れ、塩水をつくっているところ

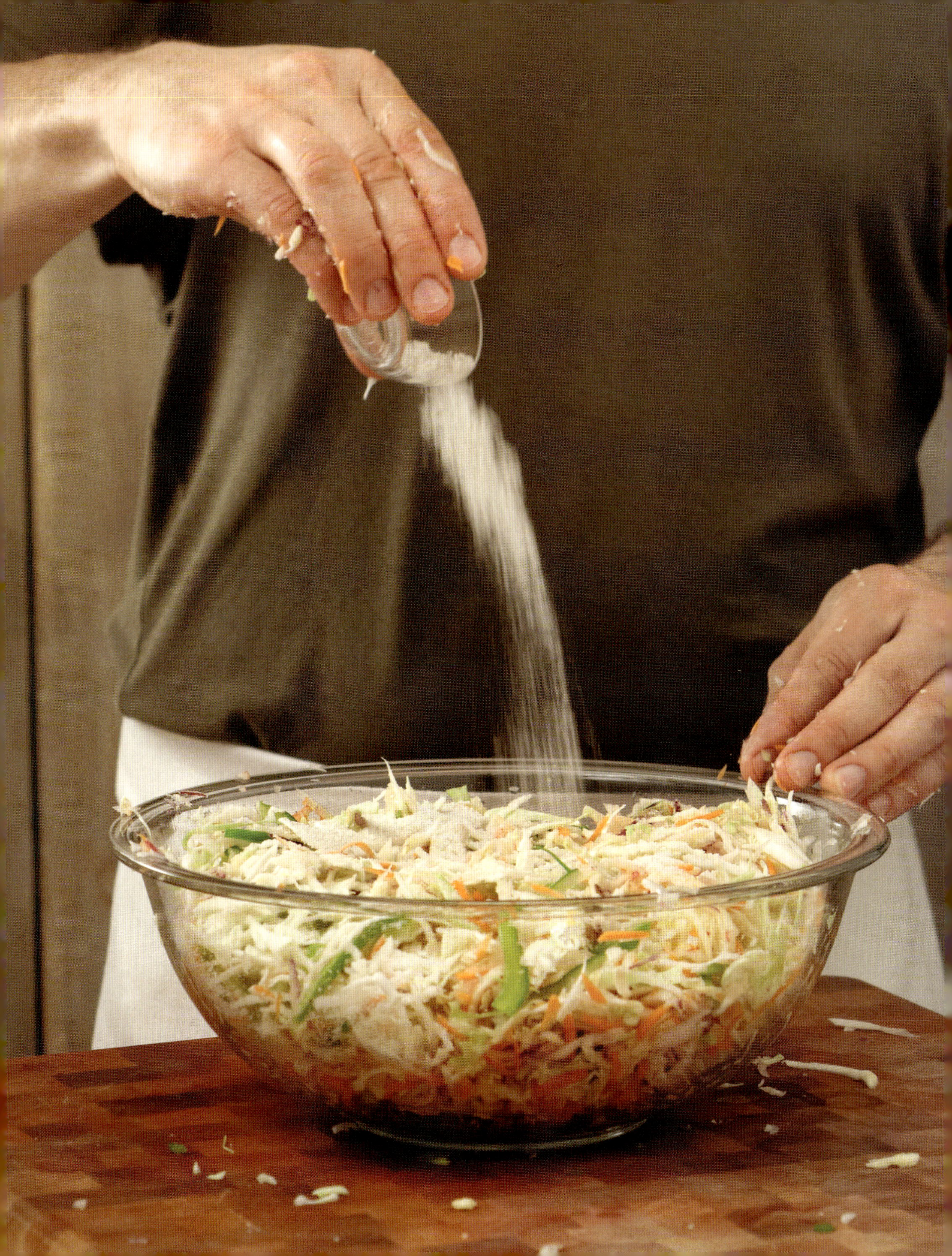

食べ物について まじめに考える

　つい100年ほど前までは、世界中のほとんどの人が食べ物についてじっくり考え、近所の人や顔見知りから食材を手に入れ、自宅で食事の支度をすることにかなりの時間を割いていました。ところが現代では、私たちが食べ物に費やす時間はどんどん少なくなりつつあります。過去100年のあいだに、自宅で食事をとる割合は、98%から50%にまで減少しました。そして、家で食べるものも、冷凍食品やインスタント食品、ポテトチップス、炭酸飲料などが多く、どの食品にカテゴリー分けしたらいいのかわからないようなものさえあります。これは、先進国にかぎった問題ではありません。昨今は、発展途上国までもが食品産業のマーケティングの標的にされ、ポテトチップスや炭酸飲料、ファストフードがさかんに消費されるようになっています。

　スナック食品や加工食品、アメリカなどのレストランで提供される食事の大半は、工業的な生産方法でつくられたものです。こうした食品は、生産、加工、包装、輸送の各面で環境にやさしいとはいえません。また栄養面でも、けっして健全なものではありません。ブドウ糖果糖液糖や加工植物油、精白小麦粉、香料、化学保存料などが原材料によく用いられるのは、コストが安いから、いちど食べると病みつきになるから、常温保存が可能になるからであり、けっして消費者の健康によいからでも、栄養が豊富だからでもないのです。実際にこうした添加物の多くは、身体に有害だといわれています。

　このような社会の風潮を変えるには、私たちがもっと食べ物に関心を向けることがいちばんです。私たちが食べ物について選択するひとつひとつの事柄が、世界に影響を与え、私たち自身にも影響を及ぼします。なぜなら、それによって私たちが身体に摂りこむものが変わり、食習慣も変わり、まわりの人たちによいお手本を示せるようにもなるからです。この本を読んでいるということは、きっとあなたは、まわりの大半の人よりも食べ物についてよく考え、食材や調理法について他人からア

ザウアークラウトをつくるため、塩でもんだ
キャベツの汁をしぼる（レシピはp.61を参照）

50　第2章　材料について知る

ドバイスを求められたりするのではないでしょうか。

　ですから、自分が食べるものを自分でつくるのは、とても大切なことです。広いレベルでは、食べ物について深く考えれば、食料の生産と流通に関する政策や経済について考えることにもつながります。こうした問題は、現代の最大の問題とかかわっています。たとえば、食料政策が飢餓や栄養失調とかかわっているだろうことは想像にかたくありません。それ以外にも、食料制度が大きな要因となっている問題は数多くあります。いくつかの例を挙げてみましょう。

* 慢性疾患：食事は健康を大きく左右するため

* 資源をめぐる争い：現在は石油、そして近い将来は水が焦点になる。工業的な食料生産システムは、施肥や農薬散布、収穫、輸送を石油に依存し、灌がいを水に頼っているため

* 脆弱な金融市場と複雑なグローバル化：世界は、食料という商品に関して、ひとつの大きく不均等な市場と化しているため

* 最新技術の活用と誤用：殺虫剤や除草剤、抗生物質、遺伝子組み換え作物など

自分の食事は自分でつくる

　あなたがつぎの食事について考えるたびに、さまざまな選択肢が浮上します。

どこで：家で食べようか、それともレストランに行こうか？　家族や友人と食事をするとき、家で食事を準備しようか、それとも外食にしようか？

どのように：料理はいちから手づくりしようか、それともお惣菜（そうざい）を買ってこようか？　どんな材料や方法でつくろうか？　どんな材料や方法でつくられたお惣菜だろうか？

なにを：食材は、なるべく生産者からじかに手に入れようか？　それとも、1カ所で用が足せて便利だから、食品集積業者（一般的には"スーパー"）から購入しようか？

　また大半の人は、予算のことも考えなければなりません。家計から食費にまわせる金額は、いくらぐらいですか？　よりおいしい食材や、自分や世界にとってよりよいと思われる食材を手に入れるためなら、どれくらい余計にお金を払えるでしょうか？

　なにが自分にとって重要かを考えながら、こうしたことをひとつずつ選択しましょう。

　自分や家族のために夕食をつくろうと決めたら、どんなことをひらめくでしょうか？　どんなふうに献立を決めますか？　献立が決まったら、どこで食材を調達しますか？　それとも最初に食材を買いに出かけ、それから献立を考えますか？　あなたが買うのは、生の野菜や果物、肉、穀物、ハーブ、香辛料などですか？　それとも、たいていは調理ずみの食品や半調理ずみのもの、缶詰やパック詰めのものですか？　料理のレシピは、家族から教わったり、料理の本やテレビの料理番組を参考にしたりしていますか？　それとも、ただ"適当"につくっていますか？

　食事を"いちから"つくるとなったら、どんな処理を施された食材を選ぶでしょうか？

"いちから" つくるとは？

　料理をいちからつくるといっても、その解釈は人それぞれです。ある人にとっては、スープの缶詰をあけ、袋入りのヌードルやその他の缶入り材料を加えて温めてキャセロール料理をつくり、カット済みのサラダ野菜に市販のドレッシングを振りかけ、市販のパイ生地を焼いてデザートに出すだけかもしれません。別の人にとっては、ヒナから育てた鶏を絞め、その肉と自家栽培の野菜とでスープをつくり、自分で小麦を挽いて粉にして、パンやパスタをつくることかもしれません。大半の人は、この2つの例の中間あたりではないでしょうか。

　私の場合、食材を選んで、食事を準備し、その料理を食べるというプロセスについて考えたり、意識を向けたりすればするほど、食べ物とのつながりを感じ、楽しい気分になります。食べ物との付き合いかたは、人それぞれですが、たいていは食事づくりにかかわればかかわるほど、喜びを感じることが多くなるものです。

　自分で食事の準備をすれば、あなた自身の食料自給率が高まります。また、自分が口にするものをこれまで以上にコントロールできるようになり、見た目もよく栄養的にもすぐれたものを選べるようになり、食品産業があなたの健康よりも、もっぱら利益優先でつくったものを食べずにすみます。なによりも料理をつくるのは楽しいことで、家族の絆づくりや地域社会づくりにも貢献します。

　さらにいえば、よく考えて食材を選ぶことは、食品産業に反対票を投じることにもなります。現代の社会では、それぞれの地域内ですべての食材を調達するのは、現実的ではありません。かといって、できあいのものばかり食べるべきでもありません。その中ほどをとり、うまく折り合いをつけることが大切でしょう。

　それでは、新しい食生活をどこからスタートすればよいのでしょうか？

★ 加工食品はなるべく買わないようにしましょう。不透明な容器に入っているものや、パッケージになにやらたくさん書かれているものは、よくよく調べてから買うようにします。原材料の表示とパッケージの写真は一致しているでしょうか？　同じものを自分でつくれといわれたら、できそうでしょうか？　もしできそうにない、あるいは確信がもてないときは、買う前によく考えてください。

★ 家族や友人と家庭菜園を始め、とびきり新鮮な野菜を育てて食べます。窓辺やベランダ、玄関先でハーブを育ててみてもよいでしょう。

★ 農産物の直売所に出かけ、そこで買ったもので料理をつくります。

★ なにかをいちから大量につくってみましょう。近所の人にも声をかけ、同じことをしてもらいます。それから、みんなでそれを持ちよってパーティをひらいたり、たがいに交換したり、冷凍保存したりしましょう。

　たとえこうしたことを日々実行できなくても、つねに心に留めておきましょう。

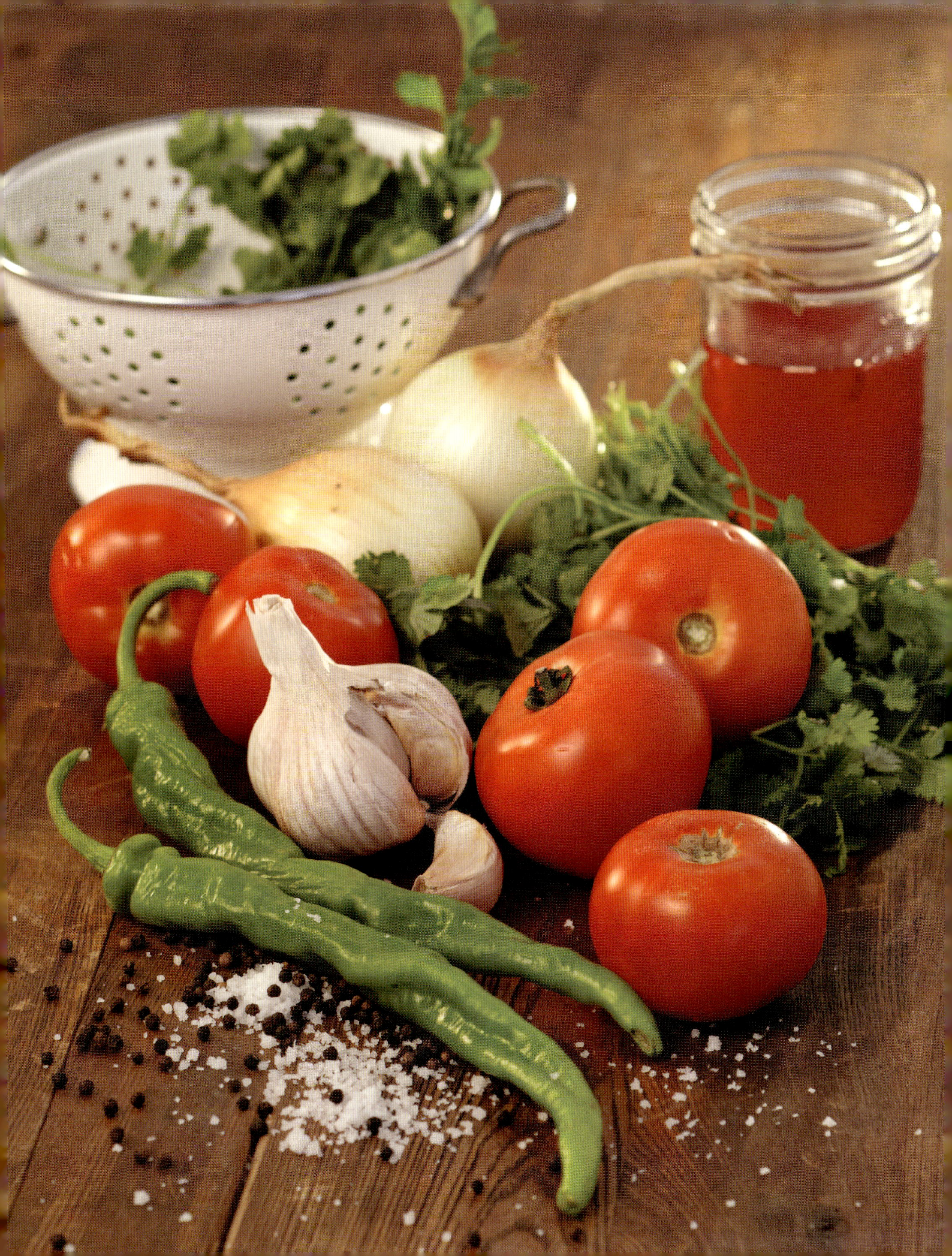

本や映画に描かれた「食と政策」

工業的な食料生産の負の部分を懸念する声は、かなり以前からありました。

* アプトン・シンクレアは、100年以上も前に『ジャングル』という本を出版しました。この本は小説という形をとりながらも、食肉解体場で働く労働者が劣悪な環境で働かざるを得ない現状、多くの経営者の私利私欲と腐敗ぶり、非衛生的な商品が販売されている現実など、食肉加工業者に対する国民の激しい怒りを喚起しようと意図されたものでした。著者の目論みどおり、この本は全米の注目を集めました。食肉解体場の描写が事実に即していることが証明され、本の出版から2年も経たないうちに、セオドア・ルーズベルト大統領は、規制反対というみずからの方針に反し、食肉検査法と純正食品薬事法を承認せざるを得なくなりました。これらの法律は、今日の食品医薬品局（FDA）の設置へとつながりました。

* レイチェル・カーソンは、50年前に『沈黙の春』を出版しました。この本は、DDTをはじめとする農薬の乱用を非難したもので、現代アメリカの環境運動のきっかけとなり、のちの環境保護庁（EPA）の設置やアメリカ国内における農業目的のDDTの使用禁止（1973）にも寄与したとして広く賞賛されています（しかし、アメリカ企業は1980年代までDDTの輸出を継続し、現在でも一部の開発途上国ではDDTが使用されています）。

近年は、"工業食品"の問題点を指摘する書籍や映画が次々と発表されています。

* モーガン・スパーロック監督は、ドキュメンタリー映画「スーパーサイズ・ミー」で、みずから1カ月間ファストフードだけを食べつづけ、ファストフードが健康に深刻な影響を与えることを身をもって示しました。

* デボラ・クーンズ・ガルシア監督の2004年のドキュメンタリー映画「食の未来」は、遺伝子組み換え作物をはじめとする食品技術の動向やそれが社会や環境に与える影響を憂慮すべき問題として取りあげています。

* マイケル・ポーランは、著書『フード・ルール』のなかで、私たちの曾祖母が首をかしげるような原料や食品が5つ以上入っている加工食品は買うべきではないと指摘しています。

* ロバート・ケナー監督の2008年のドキュメンタリー映画「フード・インク」は、食品業界の首領（ドン）たちが、平凡な田舎町で暮らす低所得者たちを搾取して懐を肥やしている現状を暴露し、工業的な食料生産システムを痛烈に批判しています。

* マリー＝モニク・ロバン監督の2008年のドキュメンタリー映画「モンサントの不自然な食べもの」は、企業と政府が結託して、食品生産をその根幹（つまり農場）から支配しているという憂慮すべき現状を描いています。

* クリスティン・キャンティ監督の2011年の映画「ファーマゲドン（Farmageddon）」は、工業化されていない方法で家畜を育てたり、作物を生産・販売している小規模農家や農場主や一般市民たちが政府の取締官に苦しめられている実態を明らかにしています。たとえば、ある連邦機関はひとつの牧羊場の監視に100万ドルも費やしたうえ、かかってもいない病気を名目に羊たちを押収し殺処分しました。

食の工業化にともなう間接費とは

　私たちが自分で発酵させた食べ物や準備した食事のいちばんのポイントは、それを自分自身の手でつくったという点です。その食べ物は、見ず知らずの人物が私たちのためにつくり、工場で処理されて遠い場所（ときには海外）からトラックや貨物船で運ばれてきたものよりも、ずっと身近なものです。自家製の食べ物なら、なにをどのように調理したのか、その過程や事情がよくわかります。知人や顔見知りから購入した食材を使用すれば、なおさらです。

　イギリスの作家サイモン・フェアリーは、著書『肉——悪意なき無駄遣い（Meat：A Benign Extravagance）』で、工場式の畜産を徹底的に批判し、持続可能な方法で家畜の飼育が可能だと明快に説いています。彼の鋭い指摘は、農業にも当てはまります。"工業食品"の間接的な費用についても、次のように簡潔に説明しています。

　「……それらは、集中的な流通システムと密接にかかわっている。集中的な流通システムは、あらゆる場面でエネルギーの消費を倍増させるばかりか、過剰包装や冷蔵処理、廃棄物の排出、交通渋滞、道路建設、騒音や事故の発生、地方の独自性の喪失、小作農の搾取と廃業、過剰な移民、都市のスラム街、森林や生息地の破壊、発展途上国からのバイオマス（生物由来の再生可能な有機性資源）の収奪、地域社会の弱体化、イギリス畜産業の崩壊などの諸問題にも影響を及ぼしている」

　一見すると、集中的な食料流通のおかげで、食料が入手しやすくなるように思えますが、実際にはそうではありません。工業化された食料システムという集約的構造のため、テロリストの攻撃やエネルギー危機、核の惨事、世界的な物価の急上昇、政権転覆などにより、かえって食料が入手困難になるおそれがあります。こうしたことがひとつでも起これば、供給ラインが途切れて、輸送費が増加し、最貧国の人びとが食料を買えなくなるなどして、世界の食料経済の微妙なバランスが崩れかねません。大多数の人にとって、食料の確保はじつに不確実なことなのです。

　いま指摘したことは、食の工業化の弊害のほんの一例にすぎません。このほかにも、毒性のある化学物質の使用、遺伝子組み換え作物への疑惑、生物多様性の減少、大規模な食品汚染の可能性（病原性大腸菌の問題）、大規模牧場の廃棄物処理、灌がいと水利権争いなどの問題が挙げられます。

　こうしたさまざまな理由から、私たちは地元の農作物についてもっと知り、生産者の人たちと関係を深め、みずからの手で発酵食品をつくったり、食事をつくったりすべきなのです。

リアルフードは「見ればわかる」

　有史以来、現代に入るまでずっと人類が使ってきた唯一の食料生産方法を表現するために適切な言葉を考えなければならないというのは、なんとも妙な話です。

　"工業化されていない"食品をうまく言いあらわす言葉を見つけるのは、簡単なことではありません。それには、2つの理由があります。

　ひとつめは、どこまでを工業化を見なすのか、その線引きが曖昧なためです。きわめて工業化されている食品もあれば、それほどでもない食品もあります。たいていは、その中間のどこかに位置しています。いくつかの例を挙げてみましょう。

* 果物の栽培時には、合成殺虫剤を大量に、または少量だけ散布することもあれば、天然由来の殺虫剤（それでも毒性はあります）を散布することもあります。

* "放し飼い"の鶏の場合、戸外で過ごす場所を確保しなければなりませんが、そうした場所は時として狭く、生産者も積極的に鶏を戸外に出そうとしないため、まったく外に出ないケースもあります。こうした鶏には、100%菜食のエサが与えられていたりもします。結構なことのように思えるかもしれませんが、よく考えてみてください。つい最近まで、ベジタリアンの鶏などいませんでした。鶏は、本来ミミズや虫が大好物なのです。

* 農地を耕すには、強力な大型機械を導入する、小型機械を使う、牛や馬を使う、手作業で行なうなどの方法があります。これらの方法のどこまでを"工業的"と見なすかは、人それぞれで違います。

　ふたつめの理由は、工業化されていない食品を示すのに現在使われている言葉の意味あいの多くが、狭すぎたり、広すぎたりするためです。

* "オーガニック"は、"工業化されていない"という意味で一般的に使われていましたが、最近は、特定の法律的な意味あいをもつようになりました。

* "ナチュラル"も、"工業化"とは正反対の意味をもちうる言葉ですが、多くの地域では、この言葉の表現に対し、なにも規制がなかったり、規制が複雑だったりします。企業のマーケティング担当者たちがこの言葉を多用するようになったため、いまではやや無意味になっています。

* "サステナブル（持続可能な）"は、語感としてはしっくりきますが、最近はこの言葉も宣伝広告で多用されています。

* "従来型"は、ふつうは"伝統的"や"昔ながらの"という意味あいの言葉ですが、昨今は、その逆を意味するようになり、化学物質の使用や近代的な工業方法により生産された食料を示す言葉として使われています。この場合の"従来"とは、ごく最近のことで、100年前にはけっして一般的ではありませんでした。

　では、ほかによい言葉はないのでしょうか？

　"スローフード"という言葉もよく使われています。じつは「スローフード」は、工業食品全盛の風潮を変えるために設立された協会の名称であり、"ファストフード"の反対語として考えだされたものです。協会のレポートには、「スローフードは、世界150カ国に支援者をもつ、世界的な草の根運動組織である。当協会の支援者は、よいものを食べる喜びを共有し、自分たちの地域社会や環境に対して責任感を抱いている」とあります。しかし、"スローフード"は特定の団体に関連する言葉なので、広く一般的な意味で用いるのには適していません。

　数年前から使われはじめた"リアルフード（真の食べ物）"という言葉が、最適ではないかと思います。いつ、だれが使いはじめたのかは定かではありませんが、"スローフード"のように特定の団体と結びついてはいません。

第 2 章　材料について知る

"リアルフード"とは、具体的にはなんでしょうか？　アメリカ連邦最高裁判所の元判事ポッター・スチュワートが、ポルノについて述べた有名な言葉があります。ワイセツについて定義するのはむずかしいが、「見ればわかる」というのです。この言葉は、リアルフードにも言えるのではないでしょうか。細かい点では多少の異論もあるでしょうが、だれでも「見ればわかる」ものです。

　ですから、当面は"リアルフード"という言葉を使いたいと思います。

リアルフード、真の使命

　食と政治をめぐる議論は、ときとして抽象的になりがちです。それでは、こうした問題をより現実に即して考えるには、どうすればよいのでしょうか？

* 自分の手で育てた食材で食事をつくる（つまり、自分の庭の作物を食べる）ことで、ふたたび大地と結びつけます。
* 発酵というユニークな保存法なら、化学保存料を使わず、化石燃料を用いて加熱や冷蔵をする必要もありません。
* 発酵は、食材に含まれるビタミンや酵素を増やし、ミネラルの吸収率を高め、消化を促進し、結果的に私たちの身体を健康にしてくれます。
* 乳酸発酵はたいてい順調に進むので、嵐の海に錨（いかり）を下ろすように、ストレスだらけの社会でも心強い気持ちにしてくれます。ほかのみんなは気まぐれでも、乳酸菌は忠実な友です。
* スピリチュアルなレベルでは、乳酸発酵は一種の魔法や錬金術です。腸内ガスの元となるありふれた生キャベツをすばらしくおいしいザウアークラウトに変身させ、園芸品種のレモンをエキゾチックな珍味に変えてくれます。

ピコ・デ・ガヨ（レシピはp.122を参照）

第 3 章
ザウアークラウト

ザウアークラウトは、キャベツを乳酸発酵させたものです。ふつうのキャベツのほか、紫キャベツやサボイキャベツ、白菜でつくることもあります。

その歴史はじつに興味深いもので、ザウアークラウトはなんと数千年前から、なんらかの形や名前で存在していました。たとえば、万里の長城を建設した労働者たちが食べていたという証拠が見つかっています。1世紀のローマの政治家プリニウスも、古代ローマのザウアークラウトに関する記述を残しています。中世以降のヨーロッパの寒冷地では、発酵キャベツが食事に欠かせないものでした。そして、船乗りたちは壊血病の予防のため、ビタミンCに富んだザウアークラウトを船に積みこんでいました。

はじめて発酵食品づくりに挑戦するのなら、ザウアークラウトが理想的です。つくり方が簡単で、比較的早く完成し、成功率も高く、そしてもちろんおいしいからです。そのまま食べるだけでなく、サンドイッチにはさんだり、スープやシチューに入れたり、肉や魚、卵料理のつけあわせにしたり、団子に混ぜたりもできます。

ザウアークラウトは、世界中で食べられています。韓国の国民食としておなじみのキムチも一種のザウアークラウトで、ニンニク、ショウガ、タマネギ、トウガラシなどの香辛料を加えたものです。韓国では食事のたびに出されるほどで、鍋やスープ、炒め物、チャーハンなどにも使われます。フランス・アルザス地方の名物であるシュークルート・ガルニは、ザウアークラウト、豚肉、ソーセージ、ジャガイモ、ジュニパーベリーをリースリングワインで煮こんだもので、まさに"ザウアークラウト料理の女王"だと思います。ザウアークラウトは、中央ヨーロッパ各国やそれらが影響を与えた文化圏でも、好んで食べられています。

なぜこの章は必読なのか

たとえあなたがザウアークラウトを好きではなくても、とりあえずこの章は読んでおいてください。ここであげたザウアークラウトづくりのポイントは、ほかの野菜や果物を発酵させるときにも当てはまるからです。ザウアークラウトは、発酵食品づくりの理想的な出発点で、さまざまな発酵食品づくりに挑戦するための基礎になります。それに自分でつくったザウアークラウトならおいしくて、きっと好きになるでしょう！

ザウアークラウトづくりの重要なポイントで、ほかの発酵食品にも当てはまるのは、次のような点です。

* 食材と道具を選ぶ
* 包丁とまな板を使う
* 材料の重さをはかる
* 野菜と塩を混ぜる
* 発酵のスターター（種菌）を加えるかどうかを決める
* 材料を密閉容器に詰める
* 発酵具合をたしかめる

紫キャベツのザウアークラウト
5日後

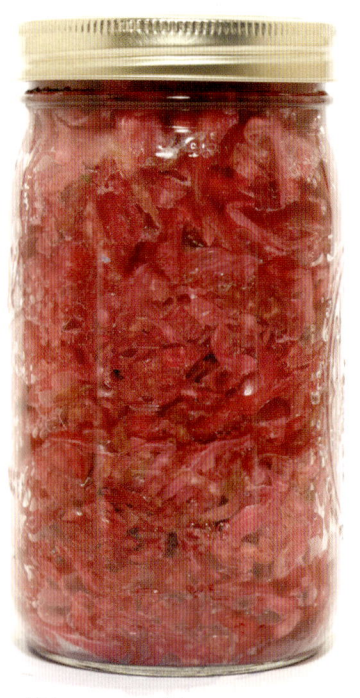

紫キャベツのザウアークラウト
10日後

---- ザウアークラウトの変化 ----

キャベツのザウアークラウト
5日後

キャベツのザウアークラウト
10日後

ザウアークラウト　基礎編

　基本的なザウアークラウトは、2つの材料、すなわちキャベツと塩だけでつくります。ほかの野菜や香辛料を加えてアレンジすることもできます。浅漬けのうちに食べれば、シャキシャキした歯ごたえとかすかな酸味が楽しめ、長めに発酵させれば、いかにもドイツ風のザウアークラウトができあがります。

材料

キャベツ　900g（シンプルなザウアークラウトには、ふつうのキャベツか紫キャベツが最適）

海塩　小さじ4（20g）

道具

大きめのまな板（できれば木製）

包丁

大きめのボウル

広口の密閉ガラスびん（容量950ml）

レシピはp.62に続く

できあがり：950ml

調理時間：10分

完成：4日−1カ月後

重さのはかり方

　キャベツの重さがぴったり900gでないときは、キャベツ450gに対して小さじ2（10g）ほどの塩を加えます。または、キャベツの重さの2％分の塩を加えてください。

　キャベツの外側の葉と芯を取り除いてから重さをはかるのがポイントです。

びんの選び方

　キャベツ450gごとに475mlかそれよりやや多めのびん容量が必要です。びんの形や大きさによっては、小さなびんを使って、大きなびんにザウアークラウトを押しこむこともできます（p.62のつくり方10を参照）。

つくり方

1. キャベツの外側の葉をはがす（a）。（注意：有機栽培のキャベツでない場合、この作業はとくに大切。食材の選び方についての詳しい情報は、第2章を参照のこと）

2. キャベツを丸ごと1個使う場合は、ひっくり返して芯の部分から縦半分に切る（b）。

3. 半分に切ったキャベツをさらに縦半分に切り、4等分にする（c）。

4. 好みで、芯を斜めに切りおとす（d）。

5. 芯の部分を手前にして、まな板に置き、好みの細さにスライスする（e）。細く切るほど、発酵が早く進み、やわらかい食感のザワークラウトになる。逆に太く切るほど、歯ごたえのある仕上がりになる。指を切らないように注意すること！

6. キャベツが切りにくくなったら、向きを変えたり、ひっくり返したりして、切りやすくする。

7. あるいは、フードプロセッサーを使い、"スライサー（スライス用の刃）"でキャベツを細かく刻む（f）。ミートスライサーやボックス・グレーター（箱型のおろし器）、キャベツを刻む専用器具の「クラウトホーベル」を使ってもよい。

8. 残りのキャベツも同じようにスライスする。スライスしたキャベツをすべてボウルに入れ、塩を加える（g）。

9. キャベツの水気がしぼれるようになるまで、清潔な手でしっかりとキャベツに塩をもみこむ（h）。キャベツの鮮度や量、しぼり具合にもよるが、1−10分ほどもむこと。何度かやっているうちに感じがつかめてくる。

10. キャベツをびんに詰める（i）。小さいびんやポテトマッシャーなど、適度な大きさの道具を使い、できるだけぎゅうぎゅうと押しこんで、なるべくキャベツの間の空気を抜き、キャベツの上まで水分が上がりやすくする。キャベツは発酵すると膨らむので、キャベツとびんの口のすき間をすくなくとも2.5cmは確保する。

11. びんのふたを閉め、冷暗所（できれば10−25℃）で保管する。

第3章　ザウアークラウト

b

c

e

f (eのかわりに)

h

i

ザウアークラウト　基礎編

発酵のプロセス

　キャベツの上に水分が上がってくるまで、毎日1－2回、ザウアークラウトの状態をチェックしましょう。びんのふたをあけて、においを嗅ぎ、きれいなフォークで味見をしたら、ふたをしてもとの場所に戻します。数日経つと、ふつふつと泡が出てくるはずです。さらに数日経つと、酸っぱいにおいがするようになり、酸味が出てきます。

　こうなれば、もういつでも食べられます。びんごと冷蔵庫に入れて、発酵を抑えてもいいでしょう。浅漬けのザウアークラウトは、シャキシャキした歯ごたえがあり、熟成させればさせるほど、酸味や風味が強くなります。

　消化と栄養面のメリットを考えるなら、ザウアークラウトはそのまま（あるいは46℃以下で加熱して）食べましょう。消化や栄養面にそれほどこだわらなければ、調理してもかまいません。実際、古くなりべチャべチャになった酸味の強いザウアークラウトは、料理に入れたほうがおいしく食べられるでしょう。

ピーマンやパプリカの上手な切り方を紹介します。カロライナ風コールスロー（レシピはp.79を参照）のように、とくに発酵用のピーマンの下ごしらえに最適です。

ピーマンの切り方

1　ピーマンの上部と下部を切りおとす(a)(b)。

2　包丁をピーマンの内側に沿ってまわす(c)。

3　ピーマンの種と芯を両手の親指で押しだす(d)。

4　ピーマンを縦に切り(e)、平らに広げて切るか(f)、輪切りにする。好みで、1で切りおとした部分も使う。

第4章
ザウアークラウト応用編
乳酸発酵野菜

キャベツと塩だけでつくるザウアークラウトは、発酵野菜の原型です。しかし、発酵させられる野菜はキャベツだけではありませんし、塩以外の調味料を加えてもかまいません。ほかの野菜も、野菜と塩の割合は変えず、キャベツといっしょに発酵させられます。キャベツをほとんど、あるいはまったく加えず、ほかの野菜だけでつくることも可能です。

　また、多少の果物を加えてもかまいません。キャベツ以外の野菜や果物は、発酵させるのにすこしコツが要りますが、成功率はやり方次第であげられます。また、塩をほとんど、あるいはまったく加えずに野菜を発酵させることもできます。ただしこの場合は、適切な微生物が繁殖するよう、すこし工夫を凝らす必要があります。

　この章では、発酵野菜づくりに関するさまざまな疑問にもお答えします。

どんな野菜や果物を使えばいい?

キャベツのように簡単に発酵できる野菜もあれば、注意や工夫が必要なものもあります。

発酵に適した野菜

発酵に最適なのはアブラナ科の野菜で、キャベツ、カブ、ラディッシュ、コールラビ（カブカンラン）などです。これらの野菜は、糖度が比較的低く、組織がしっかりしています。

発酵させられる野菜

タマネギ、ニンジン、セロリルート（セルリアック）などは、発酵に適した野菜と混ぜるとうまくいきます。これらの野菜だけで発酵させるときは、スターター（種菌、p.72を参照）を使ったほうがよいでしょう。

発酵がむずかしい野菜

ほとんどの人はピクルスといえば、キュウリを思い浮かべるでしょうが、じつはキュウリを発酵させるのは、なかなかむずかしいものです。発酵させたキュウリは"スカスカピクルス症候群"になりやすく、内部が分解されて空洞化しがちなうえ、やわらかくなることもよくあります。同じく夏カボチャやピーマン、パプリカも、やわらかくなりすぎることがままあります（緑色のピーマンよりも、熟したもののほうがなりやすいです）。これは、比較的組織が弱いこれらの野菜に酵素が作用して起こります。

発酵がうまく進まない野菜には、スターターを使ったり、塩分濃度を高くしたり、さらなる予防措置を講じたりしましょう（p.73を参照）。花がついていた野菜の先端部分を切りおとすと、酵素の働きをすこしは緩和できます（第1章を参照）。

ビーツ、パースニップ（サトウニンジン）、リンゴやナシなどの果物は糖度が高く、酵母が繁殖しやすいので、アルコールを生成する方向へと発酵のプロセスを変えかねません。アルコール飲料をつくりたいのなら、これで結構ですが、野菜や果物を乳酸発酵させたいときは困りものです。こうした甘い野菜や果物は、乳酸発酵しやすいキャベツやカブと組みあわせると、たいていうまくいくはずです。甘い野菜や果物だけを乳酸発酵させたいときは、スターターを使ったほうがよいでしょう。

発酵させるべきではない野菜

生のジャガイモには、グリコアルカロイドという神経毒性のある（脳や神経系に有害な）化合物が含まれているので、生のまま発酵させたり、さらにはなにかに使ったりするのはやめたほうがよいでしょう。

発酵がうまくいかないときの
トラブル解決法

　野菜の発酵がうまくいかないときは、どうすればよいのでしょうか？

しょっぱすぎるとき：慎重に水を加えて全体をよくかき混ぜ、場合によってはすこし漬け汁を捨てて、容器内のバランスが整うまで様子をみます。

上のほうの野菜が干からびてしまったとき：野菜をよく混ぜ（上のほうの干からびた部分を漬け汁に浸け）、水か塩水をすこし加えれば、大丈夫でしょう。

野菜がやわらかくなりすぎたり、どろどろになったとき：これはもとには戻せませんが、ほんのすこしやわらかくなったり、どろどろになったりしただけなら、スープやシチューに入れましょう。加熱すれば、どのみちそうなるからです。加熱しすぎて、それ以上やわらかくならないように、また、有用な微生物や栄養素が熱ですっかり破壊されてしまわないように、火から下ろす直前か、冷めはじめてから野菜を加えるのがいちばんです。

　野菜が予想以上に早くやわらかくなってしまったら、次回は食感をよくするために次のような手段を試してみてください。それは、塩を多めに加える、スターターを使う、野菜がどろどろになるのを防ぐためにブドウの葉などを加える（p.73を参照）などです。

野菜が糸を引いたり、表面がけばだって見えたり、あきらかにカビが生えたりしたとき、あるいはいやな臭いやアルコール臭がするとき：これは、発酵のプロセスがおそらくカビか酵母か、その両方に乗っ取られ、予定どおりに進まなかったことを示唆しています。こうなってしまったら、おいしくありませんし、食感も悪く、食べるとおなかを壊すかもしれません。残念ですが、堆肥としてリサイクルしましょう。

野菜はどんなふうに切ればいい?

　野菜は丸ごと使っても、スライスしたり、刻んだり、短冊切りなどにしてもよいでしょう。次のような点に注意してください。

* 野菜を分厚く切ると、野菜の種類によっては発酵に時間がかかり、トラブルを起こすことがあります。ザウアークラウトやキムチは、丸ごと、あるいは4つ割りにしたキャベツや白菜でもつくれますし、丸ごとのカブでも問題なく発酵が進みます。いっぽう、大きなキュウリや夏カボチャを発酵させるには、68ページで説明したようにすこしコツが必要です。

* 繊維質の野菜は、繊維に沿ってではなく、繊維を切るようにカットしたほうが、食べやすいでしょう。たとえばパースニップ（サトウニンジン）は、スティック状に切るよりも、輪切りにしてください。

* 材料の大きさや形をそろえると、食感や見た目がよくなります。たとえば、コールスロー風の野菜ミックスをつくるときは、キャベツ、ニンジン、タマネギ、ピーマンを同じような感じで刻みます。キムチをつくるときは、どの材料も2.5cm幅か2.5cm角に切るとよいでしょう。

* もちろん、いろいろな形や大きさのものを混ぜてもかまいません。ザウアークラウトに芽キャベツやカブを1-2個入れると、意外性があっておもしろいです。

材料がすべて浸かるよう、漬け汁を注ぎたすべき？

適切な野菜を適切に切り、正しい分量の塩を加えていれば、漬け汁を注ぎたす必要はないでしょう。しかし、大量のキャベツやキュウリ、ラディッシュを丸ごと発酵させるときは、材料がすべて浸かるよう塩水を加える必要があります。

塩水のつくり方：

水250mℓに対して塩大さじ1（15g）（塩についてはp.48を参照）

これで濃度6%の塩水ができます。この塩水で発酵させた野菜がしょっぱすぎるときは、ほんのすこし水を加えて、もうしばらく置きましょう。もし野菜の形がくずれ、どろどろになってしまったときは、それをよい教訓として、次回は多めに塩を入れたり、スターターを使ったり、予防策を講じたり（p.73を参照）しましょう。

野菜の皮は全部むくべき？

　有機栽培の野菜なら、好みで皮はむいても、むかなくても結構です。皮をむかないのなら、野菜ブラシでよく洗いましょう。洗剤で洗う必要はありません。ノンオーガニックの野菜を使うときは、残留農薬を極力取り除くためにかならず皮をむいてください。ノンオーガニックの葉物野菜は、外側の葉を取りましょう。

どんなスターターを使えばいい？

　スターター（種菌）とは、自分の望みどおりに食材の発酵を進めるために添加する微生物群のことです。

　発酵に適した野菜と塩を使うときは、そのままでも適切な微生物が繁殖しやすいので、通常はスターターを加えなくても大丈夫です。しかし、発酵させにくい野菜や果物を使う場合や、塩分を控えめにするときは、スターターを加え、発酵を正しい方向に導いたほうがよいでしょう。

　野菜を発酵させるスターターには、（少なくとも）次の3つがあります。

自家製のザウアークラウトや発酵野菜の漬け汁（新しすぎず、古すぎない4日〜4週間目のもの）：このスターターはつくりやすく、鮮度もわかっているため、とても重宝します。この漬け汁を加えると、発酵野菜独特の風味がつきやすくなりますが、たいていは（たとえば、発酵野菜をつくる場合などは）問題にならないでしょう。

ヨーグルトやケフィア、凝乳から分離した生のホエー（あたらしいものほどよい）：これも、手軽につくれる強力なスターターです。ヨーグルトのホエー（乳清）とは、ヨーグルトを水切りしたときに出る液体です（レシピはp.102を参照）。ホエーを使うと、丁寧に水切りしたものでも、かすかに牛乳の味や風味になることがあります。乳製品なので、絶対菜食主義の人やカゼインに敏感な人、乳糖にひどく敏感な人は注意してください。

発酵野菜用のスターター：袋入りの粉末スターターが市販されています。冷暗所で保管して、使用期限に十分に注意しましょう。専用のスターターは、適切に運搬・保管されていれば、一貫してよい結果が得られ、期待どおりの風味が出せます。しかし、こうしたスターターにはお金がかかりますし、市販品を使うことに抵抗を感じる人もいるでしょう。また、乳製品が含まれていることもあります。

発酵食品づくりを確実に成功させるには？

これまでにも説明したように、キュウリや夏カボチャは自己分解しやすい野菜です。また、たいていの時期にたいていの場所で成功するレシピでも、使う食材、発酵させる温度や湿度、周囲の微生物の状況によっては（あるいはたんに運悪く）期待どおりの結果が得られないこともあります。

スターターを使う以外にも、とくにキュウリのピクルスづくりの成功率をあげるには次のような対策があります。

* 少量の酢を加え、漬け汁の酸性度を一気に高めましょう。赤ワインビネガーやリンゴ酢は、タンニンを含んでいるのでおすすめです（次の項目を参照）。蒸留したホワイトビネガーでもよいでしょう。加熱していないワインビネガーやリンゴ酢には、さまざまな微生物が含まれていて、ピクルスの発酵プロセスを乗っ取りかねず、発酵が期待どおりに進まないおそれがあります。ワインビネガーやリンゴ酢を使うときは、いちど煮立てて冷ましたものを使ってください。

* 昔からブドウの葉やカシの葉、ローリエなど、タンニンを含む葉が、キュウリのシャキシャキ感を保つためにピクルスづくりの際に加えられていました。キュウリにはもともとペクチナーゼやセルラーゼなどの分解酵素が含まれていて、キュウリを自己分解してしまいますが、タンニンはこれらの酵素の働きを抑えます。ブドウの果皮にもタンニンが含まれているので、赤ワインビネガーを加えるとさらに安心でしょう。リンゴ酢、クローブ、タラゴン、クミン、タイム、バニラ、シナモンなどにもタンニンが含まれています。これらのスパイスは、ピクリングスパイス（ピクルス用のスパイスミックス）にも含まれています。また、紅茶の葉にもタンニンが含まれているので、茶葉をそのままあるいはティーバックごと入れれば、ピクルスにカフェインも加えられます。

* キュウリを漬ける塩水に少量の塩化カルシウム（濃度は高くても0.5%）を加えても、酵素の働きを抑えられます。塩化カルシウムは、オリーブの保存にも使われる物質です。塩化カルシウムを使う場合は、融雪剤として道路に散布する類のものではなく、かならず食用のものを使ってください。

* 硫酸アルミニウムも、ピクルスづくりに使われることがあります。ベーキングパウダーにも含まれている成分ですが、神経系に有害な物質なので使わないでください。

風味づけにはどんなものを加えればいい？

発酵野菜の風味づけは、好みに応じてかなり自由に決められます。発酵プロセスで重要な役割を果たす塩のほかにも、自分の好きなスパイスや調味料を好きなだけ加えられるので、ぜひともいろいろ試してください。通常、風味づけの材料は発酵プロセスのいちばん最後か最後近くで入れるとよいでしょう。発酵させた野菜をたくさんの小さな容器に小分けにして、1つずつ違う味つけにし、自分のお気に入りを見つけましょう。失敗を恐れないでください。発酵野菜はいくらでも簡単につくれます。

調味料やハーブ、スパイスの使い方について、いくつかのアイデアを挙げてみました。

* まずは塩について。通常よりも塩を控えめにしたいときは、有用な微生物が確実に繁殖するようスターターの量を増やしたほうがよいでしょう。

* キャラウェイシードとジュニパーベリーは、ヨーロッパで昔からザウアークラウトに加えられているスパイスです。クミン、フェンネル、アニス、さらに五味子などを入れてもおもしろいでしょう。

* ディルは、ピクルスに入れる典型的なハーブです。フェンネルやラビッジ（地中海原産のセリ科の多年草）でもよいかもしれません。ニンニクやセロリシードもおすすめです。

* 伝統的な"ピクリングスパイス"（ピクルス用のミックススパイス）には、レッドペッパー、ブラックペッパー、コリアンダー、クミン、ジンジャー、オールスパイス、シナモン、ローリエ、マスタードシード、クローブ、ターメリックが入っています。

* キムチのようなアジアのザウアークラウトでは、白菜、大根、カラシナなどの野菜を使い、ショウガ、ニンニク、タマネギ、トウガラシを入れます。さらにターメリックやガランガル、ゴボウを加えてもよいでしょう。

* 南米のザウアークラウトには、キャベツ、赤タマネギ、ニンジン、オレガノ、チリペッパー（乾燥、または生のもの）がよく使われます。ミントやシラントロ（コリアンダーの葉）を加えてもよいでしょう。食べるときにオリーブオイルをかけるとおいしいです。

* カロライナ風コールスローには、キャベツ、タマネギ、ピーマン、ニンジン、マスタード、セロリシードかセロリルート（セルリアック）を使います。おそらく100年ほど前までは、今のように酢ではなく発酵作用により酸味をつけていたのでしょう。これも、食べるときにオリーブオイルをかけるとおいしいです。

* このほかにもメースやタイム、カルダモン、エシャロットを試してみましょう。

ビーツ

第4章　ザウアークラウト応用編　乳酸発酵野菜

乳酸発酵野菜

　このレシピは、61ページで紹介した基本的なザウアークラウトのつくり方とよく似ています。最初にそちらを読んでおくと、細かい点までよく理解できるでしょう。

材料

キャベツ、カブ、ラディッシュ、コールラビ、セロリルートなどの野菜　900g

海塩　小さじ4（20g）

好みのスパイスやハーブ

道具

大きめのまな板（できれば木製）

包丁

大きめのボウル

広口の密閉ガラスびん（容量950mℓ）

できあがり：950mℓ

調理時間：10分

完成：4日－1カ月後

つくり方

1 野菜を刻んだり、スライスしたりする。ニンジン、カブ、ビーツなどは皮をむいてから(a)（p.72を参照）、切る(b)。

2 野菜をすべて切ったら、全部まとめて重さをはかる。

3 野菜450gに対し、塩小さじ2（10g）（または、野菜の重さの2%分）を用意する。

4 野菜をすべてボウルに入れ、塩を加える(c)。

5 清潔な手で1－2分ほど、しっかりと野菜に塩をもみこむ(d)。

6 野菜をびんに詰める(e)。できるだけぎゅうぎゅうと押しこむ。

7 ひと回り小さいびんやボトル、ポテトマッシャーなどの硬いものを使い、さらにぎゅうぎゅうと野菜を押しこむ。野菜を押すと、野菜の上まで水分が上がるのが理想的(f)。びんのふたをしっかりと閉める。

8 最初の2日間は、何度かびんのふたを開けて、野菜を押しこむ。

　カブとビーツは、おすすめの組み合わせです。輪切りや半月切り、拍子切りにして加えましょう（g）。数日経つと、水分を含んでやわらかくなります。好みで、輪切りか半月切りにしたパースニップ（サトウニンジン）を加えてもよいでしょう(h)。

a

d

g

第4章　ザウアークラウト応用編　乳酸発酵野菜

b

c

e

f

h

乳酸発酵野菜　77

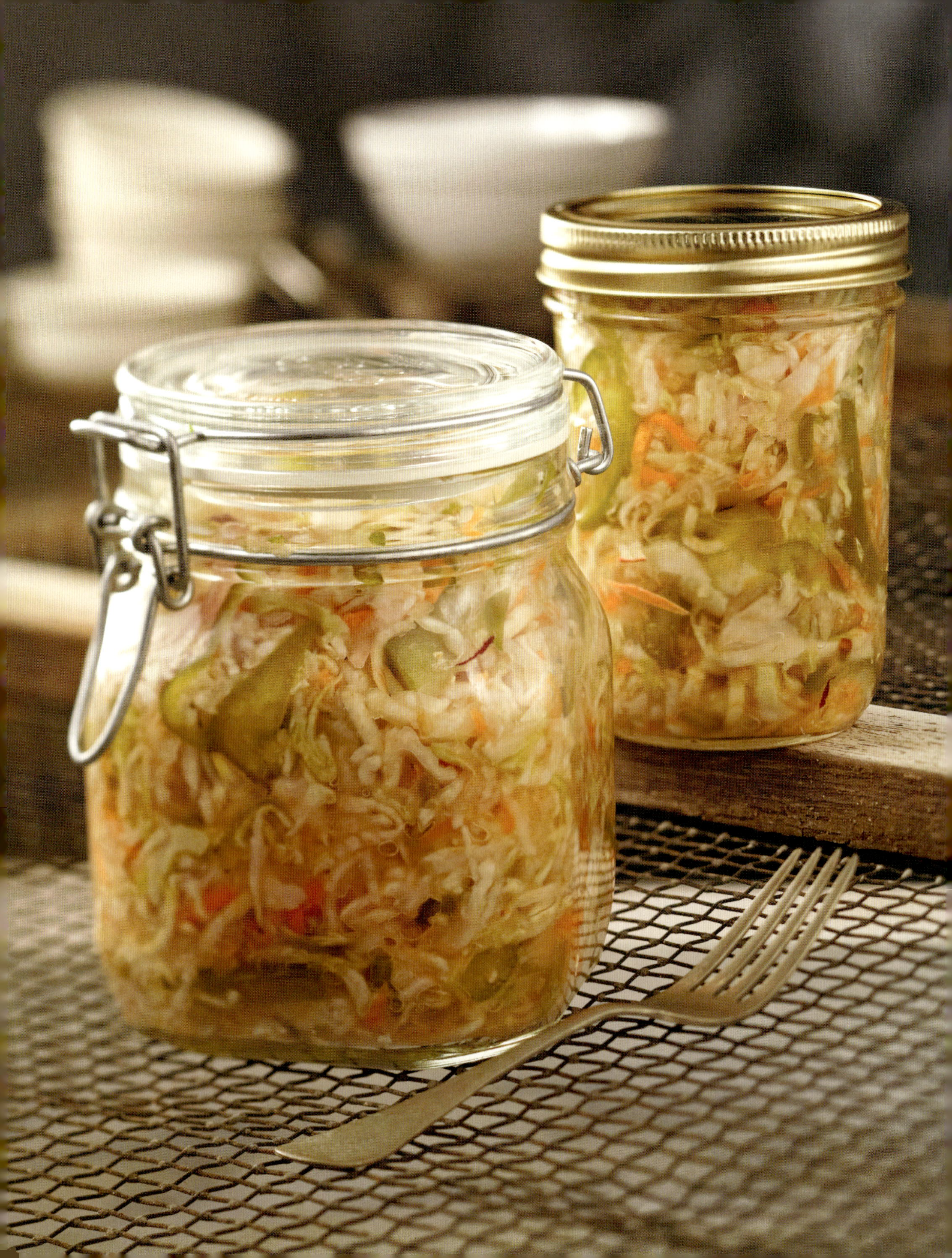

カロライナ風コールスロー

　カロライナ風コールスローは、アメリカ南東部で伝統的に食べられているコールスローです。このコールスローのドレッシングは、サラダドレッシングのビネグレットソースによく似ていて、一般的なコールスローのようにマヨネーズやサワークリームは使われていません。私はクリーミーなものよりもカロライナ風のほうが好きです。とくにバーベキューで肉を焼いたり、脂っこいものを食べたりするとき、クリーミーなコールスローでは"似たり寄ったり"になってしまうので、酸っぱくてさっぱりとした味のほうがおいしく食べられます。

　現在のカロライナ風コールスローは、酢で酸味をつけていますが、昔はきっと微生物の力で発酵させ、酸味をつけていたに違いありません。それが当時の一般的なキャベツの保存法だったからです。そこで今回は、この発酵バージョンのコールスローをつくってみたいと思います。このコールスローの大きなメリットは、味と食感のよさに加え、発酵作用によりキャベツなどの野菜が消化されやすくなる点です。

　また、この章の前半や第2章を参考にして選んだ好みの野菜で、下記のレシピを試してみても結構です。おすすめは、やはりブロッコリーやカリフラワー、芽キャベツ、カブなど、キャベツと同じアブラナ科の野菜です。キャベツをすべてセロリルート（セルリアック）に変えることもできます。

材料

キャベツ　450g

タマネギ（赤タマネギ、またはふつうのタマネギ）　大1個

ピーマン　大1個　　ニンジン　大1本

リンゴ（好みで）　1/2個

セロリルート　115g、またはセロリシード　小さじ1

海塩　小さじ4（20g）

ハチミツ　60ml（80g）（リンゴを入れる場合は少なめに）

オイル　大さじ6（90ml）（オリーブオイル、ココナツオイル、ごま油を混ぜたものがおすすめ）

ドライマスタード（粉末状のマスタード）　小さじ2

ショウガ（好みで）　1片（1cm）（皮をむき、すりおろす）

黒コショウ　適量（挽きたてのもの）

できあがり：950ml　　または900g

調理時間：20分

完成：4－7日後

道具

大きめのまな板（できれば木製）

包丁

大きめのボウル

広口の密閉ガラスびん（容量475mℓ）　2個

コランダー、またはざる

つくり方

1. キャベツ、タマネギ、ピーマンを薄く切る(a)。（ピーマンの簡単な切り方は、p.65を参照）

2. ニンジン、リンゴ、セロリルートをすりおろすか、みじん切りにする(b)。

3. 75ページの乳酸発酵野菜のつくり方にしたがって野菜と塩を混ぜて、よくもみこみ、びんに詰めて、好みの酸味になるまで発酵させる(c)(d)(e)。4−7日ほどでできる。

4. 野菜が発酵したら、ボウルの上にコランダーかざるを置き、野菜の汁を切る。手で野菜を押し、しっかりと水切りする。この野菜汁も捨てずにとっておく。

5. コールスローに味をつける(f)(g)。野菜汁120mℓにハチミツ、オイル、ドライマスタード、ショウガを加え(h)、フォークや泡だて器、ハンドミキサーでよく混ぜて、これを野菜にかけ、よく混ぜあわせる。必要に応じて、塩とコショウで味をととのえる。酸味が足りないときは、さらに野菜汁を足す。冷蔵庫で冷やして食べる。

残った発酵野菜汁は捨てないでとっておき、つぎに発酵食品をつくるときにスターターとして使いましょう。また、オイルやスパイスを混ぜれば、サラダドレッシングになります。朝食のときに消化促進剤として飲んでもよいでしょう！

b

c

e

f

h

カロライナ風コールスロー 81

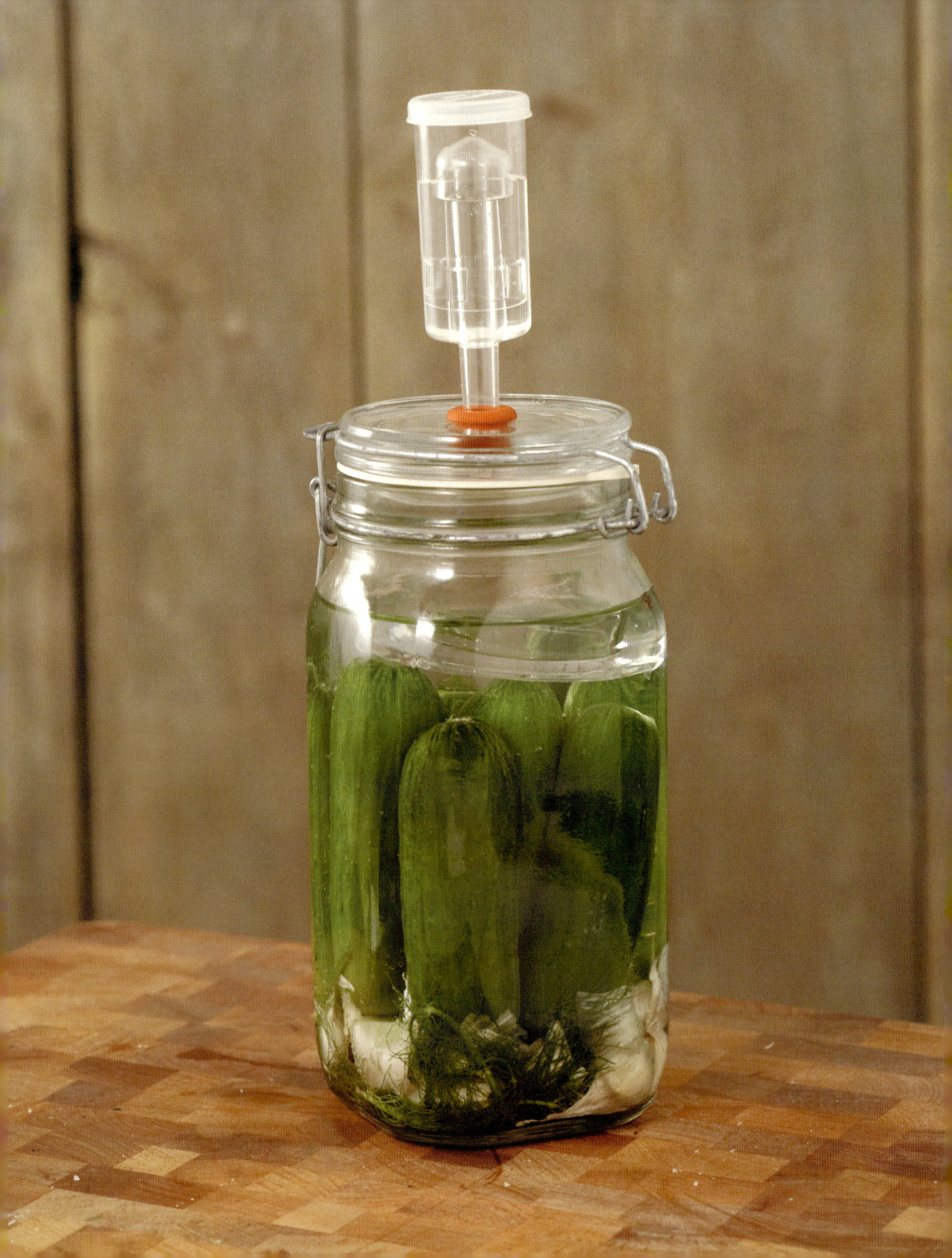

キュウリのピクルス

　キュウリのピクルスも、典型的な発酵食品です。ピクルスに関する最初の記録を残したのは、古代メソポタミアでした。アリストテレスやローマ皇帝シーザー、シェークスピア、イタリアの探検家アメリゴ・ベスプッチ、アメリカ大統領トマス・ジェファーソンらの歴史的人物はみな、ピクルスが好物だったと伝えられています。さらにその名が「アメリカ」の由来となったアメリゴ・ベスプッチは、世界的な探検家になる前はピクルスを扱う商人でした。

　ピクルスは、北アメリカからヨーロッパ、中東にいたるまで、世界各地の食文化で重要な役割を果たしています。

材 料

小ぶりで皮の厚いキュウリ　1.5－2kg

浄水　2ℓ

海塩　115g

ヨーグルトホエー　250mℓ、またはザウアークラウトの漬け汁　475mℓ、または市販の粉末スターター（好みで）

風味づけ：ニンニク丸ごと、ローリエなどをたっぷりと（好みで）

ブドウかカシの生の葉　数枚、または紅茶のティーバッグ　2個（好みで）タンニンを加えるため

赤ワインビネガー、またはリンゴ酢（好みで）　水の半量までなら、煮立てて冷ました酢に代えてもよい

できあがり：1.5－2kg

調理時間：10分

完成：3日－2週間後

道具

大きめのまな板(できれば木製)

包丁

4ℓのピッチャー

広口の密閉ガラスびん(容量2ℓ)、または「ピクル・イッツ」、またはハーシュ社製の陶器壺(p.36を参照)など、釉薬のかかった陶器壺

重石、またはびんや壺の中に収まる小さな皿(必要に応じて)

清潔なふきん、輪ゴム(必要に応じて)

つくり方

1. キュウリがやわらかいとき、キュウリを店で買ったとき、キュウリを収穫してからすこし時間が経っていると思われるときは、キュウリを氷水につけ、シャキッとさせる(a)。

2. 花がついていた先端部分を切りおとす(b)。この部分には、"スカスカピクルス症候群"の原因となる酵素が含まれている(p.68を参照)。

3. ピッチャーに浄水と塩を入れて混ぜ、スターターやビネガーを使う場合は、それも加える。

4. 風味づけの材料やタンニンを含む葉などをびんや壺の底に敷き、その上にキュウリを乗せる(c)。

5. 4の容器に塩水を注ぐ(d)。

6. 中身が完全に塩水に浸かるよう、重石をする(e)。

7. 必要なら、容器にふきんをかぶせ、輪ゴムでとめる。

8. 涼しい室温で発酵させる。2−3日後から毎日ピクルスを取りだして、小さく切り、味見をする。程よく酸味が出て、まだシャキシャキした歯ごたえが残った状態になれば、完成。すぐに冷蔵庫などの涼しい場所に移す。

塩水の表面にカビが生えても、少量なら問題はありません。きれに取り除いて、ピクルスづくりを続けましょう。しかし、大量に生えたときや、カビが塩水の中に長い尾を伸ばしているときは、ゆゆしき問題です。残念ですが

b

c

e

　このピクルスは堆肥の材料に回し、この失敗をよい教訓として、次回はスターターやビネガーを多めに入れましょう。

　ピクルスに入れる調味料やピクルスづくりを成功させるコツについては、この章の前半を参照してください。

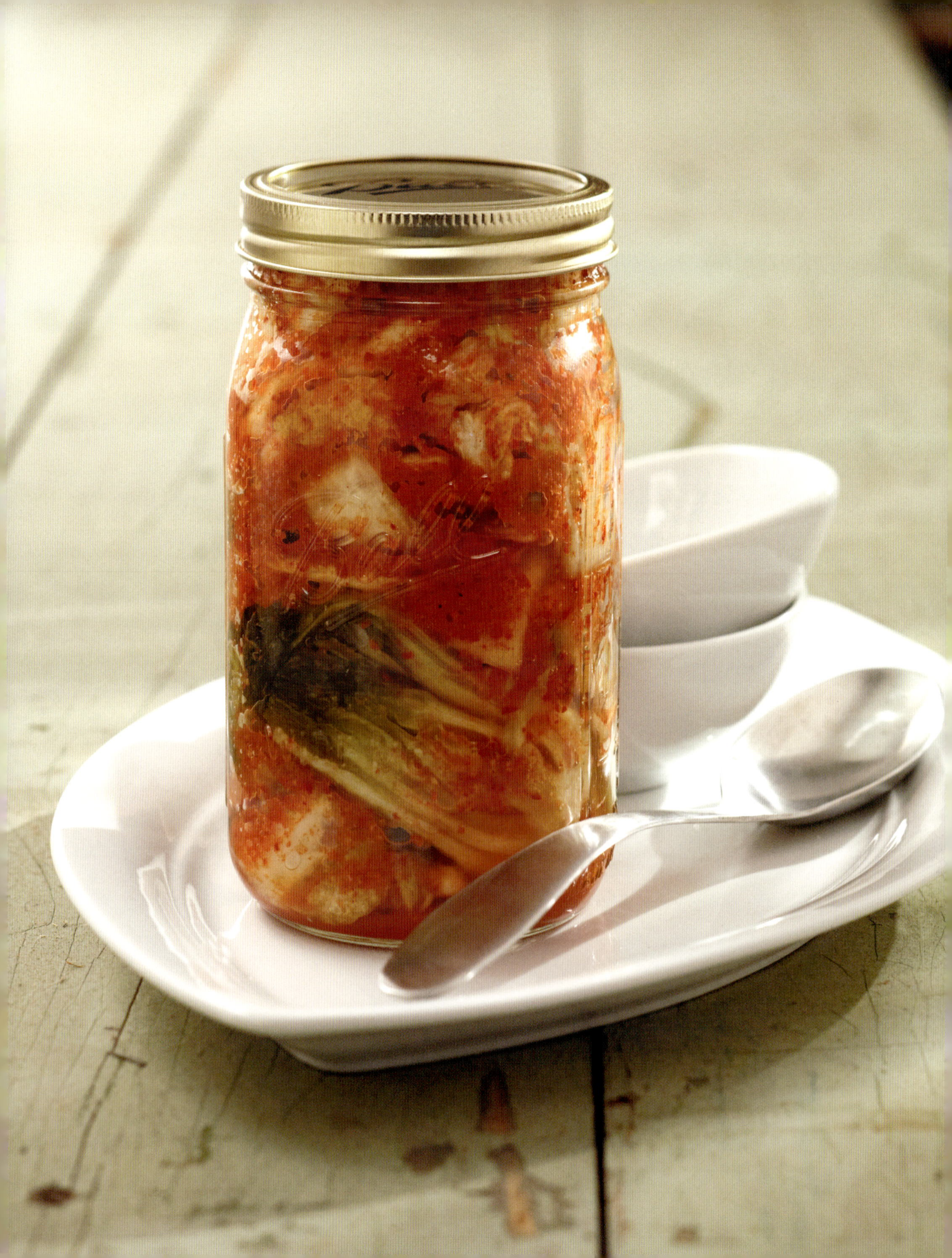

キムチ

　キムチは、韓国の代表的な発酵食品です。さまざまな野菜でつくられますが、やはりいちばんポピュラーなのは、白菜のキムチです。

　私の考えでは、アブラナ科の野菜(白菜、キャベツ、大根など)、ネギ属(ネギ、タマネギ、ニンニクなど)、ショウガ、塩が入っている発酵野菜は、どれもキムチと称して差しつかえないでしょう。これ以外の材料の組みあわせでも、キムチと呼ばれることがあります。

　キムチの一番の特徴といえば通常はトウガラシですが、トウガラシが入っていないものもあります。実際、発酵させた白菜のことがアジアではじめて記録に記されたのは、新大陸からトウガラシがもたらされた時期より少なくとも2000年は遡ります。つまりトウガラシは比較的最近、キムチに加えられたものなのです。

　キムチはザウアークラウトの韓国版だという人もいれば、ザウアークラウトはキムチのヨーロッパ版だという人もいます。実際のところ、歴史上最古の発酵キャベツがつくられたのは中国なので、「元祖」を名乗るのにもっともふさわしいのは中国かもしれません。

白菜と大根の切り方

キャベツは球形ですが、白菜は円筒形です(a)。

このため、白菜はとても切りやすく、縦半分に切ったあと(b)(c)、さらに4分の1に切り(d)、同じ幅に切っていきます(e)。

大根も切りやすい野菜です。小さな丸いラディッシュと違い、大根は大きい円筒形なので、縦半分に切ったあと(f)、簡単にスライスできます(g)。

第4章　ザウアークラウト応用編　乳酸発酵野菜

材料

白菜、さらに好みでカラシナ、大根、チンゲン菜　900ｇ

ニンニク　半個

タマネギ　大1個、または小2個

ショウガ　1かけ（15mm）

赤トウガラシ　30ｇ以下　粉末またはフレーク状

粗塩　100ｇ

浄水　500ｍℓ

砂糖　大さじ1（15ｇ）

魚醤（好みで）　小さじ1

長ネギ　1本、またはワケギ　数本

道具

大きめのまな板（できれば木製）

包丁

大きめのボウル

野菜ピーラー

コランダー

フードプロセッサー（好みで）

木製スプーン

広口の密閉ガラスびん（容量475ｍℓを2個、または950ｍℓを1個）

できあがり：約950ｍℓ（900ｇ）

調理時間：10分＋1晩＋20分

完成：5日後

つくり方

1 ボウルに塩と水を入れ、塩水をつくる。

2 野菜をすべて切る。メインの葉物野菜は4つ割りにするか、2.5cm角に切る。白菜の芯もスライスし、好きな分量だけ加える。根菜は皮をむき、斜めに薄くスライスする。

3 切った野菜を1の塩水のボウルに入れ、きれいな手でよく混ぜる。塩水に漬けると野菜がしんなりする。ボウルに異物が入らないよう、ふたをする。6時間ほど（あるいは1晩）漬けたら、野菜をコランダーにあけて水を切り、ほどよく塩漬けされているかどうか味見をする。もししょっぱすぎたら、水洗いするか、浄水に浸したあと、ふたたび味見をする。満足のいく味になるまで、これを繰り返す。

4 ニンニクとタマネギの皮をむく。ショウガの皮はスプーンでこそげとるようにむく(a)。

5 ニンニク、タマネギ、ショウガをフードプロセッサーに入れ(b)、水を加えて混ざりやすくする(c)。または、すり鉢とすりこ木でするか、包丁で細かく刻む。

6 5に赤トウガラシ、砂糖、（使う場合は）魚醤を入れ(d)、適量の水を加えて、すべての材料をよく混ぜ、ペースト状にする。

7 長ネギを2.5cmの長さに斜め切りし(e)、6のペーストに混ぜ、木製スプーンでよく混ぜる。

8 水切りした野菜を大きなボウルに移し(f)、7のペーストを加えてスプーンで混ぜる(g)(h)。味見をして、塩気が足りないときは塩を加えて、よく混ぜる。

9 広口びんにキムチを詰め、上部に2.5cmほどのすき間を残す。ぎゅうぎゅう押しこみ、中の空気をできるだけ抜く(i)。びんのふたを閉める。

10 数日間、キッチンカウンターに室温で置いておく。1-2日ごとに味見をすると、すこしずつ"ワイルド"な味になってくる。気に入った味になれば、涼しい地下室か冷蔵庫で保存するか、地面に穴を掘ってその中で保存する。温度が低いほど、発酵速度も遅くなる。

第4章 ザウアークラウト応用編 乳酸発酵野菜

b

c

e

f

h

i

キムチ 91

> ## ひとことメモ

- 最初に野菜を塩水に漬ける必要はかならずしもありませんが、韓国の伝統的製法ではそうしています。そのほうが、キムチの熟成がよく進みます。

- とくにキムチ危機のときなどは、白菜の代わりにキャベツを使ってもかまいません（下記参照）。

- 試しに赤トウガラシの量を減らすか、まったく入れずにキムチをつくってみましょう。赤トウガラシを使わないと、ショウガの風味がよく効いたキムチになります。

- 野菜は、好きなように切ってかまいません。2.5cm角というのは、あくまでもひとつの目安です。たとえば、すべての材料を細く刻めば、コールスロー風のキムチになります。逆に4つ割りにしたり、縦に切り込みを入れたりした白菜の葉の間にキムチのミックススパイスを詰めることもできます。野菜を大きめに切ったときは、塩水に浸ける前処理が重要になります。

- キムチには、いろいろなものが加えられます。リンゴ、ナシ、柑橘果汁、カレー粉、五香粉など、好みの果物やスパイスで、さまざまな味を試してみましょう。

2010年のキムチ危機

キムチは韓国の国民食で、多くの人が1日3回食べています。いろいろなキムチがありますが、代表格はやはり白菜のキムチです。2010年9月、韓国の白菜が大雨のために甚大な被害を受け、価格が例年の3倍以上に高騰しました。韓国政府はこの国家的危機に対して対策を講じざるを得なくなり、次のようなキムチ支援策を実施しました。

- キムチを支給
- 白菜農家に補助金を交付し、白菜の価格を抑制
- 貿易障壁を低くし、中国から白菜を緊急輸入
- 白菜の代わりにキャベツでキムチを仕込むようPR

キムチのいろいろな食べ方

* キムチは、グリル料理や燻製食品の付けあわせに最適で、とくに豚肉やリンゴと相性抜群です。ポークチョップのグリルやプルドポーク(豚肉を低温でじっくり焼き、細かくほぐしたもの)、焼きサバ、マグロのたたきなどに添えるとよいでしょう。

* キムチは、いろいろな料理でザウアークラウトの代わりに使えます。たとえばルーベンサンド(トーストしたライ麦パンにコンビーフやザウアークラウトをはさんだもの)で、ザウアークラウトの代わりにキムチをはさめば、キムチ風ルーベンサンドになり、ニューヨークの定番サンドイッチに新境地をひらけます。ちなみにコンビーフも発酵食品です(p.162を参照)。

* シャキシャキ感のなくなった古いキムチは、スープや鍋料理、卵料理、お好み焼き、チャーハンなどの料理の具に使えます。キムチチゲは、韓国で広く食べられているキムチ入りの鍋料理です。キムチ入りのスクランブルエッグは、寒い冬の朝食にぴったりでしょう。

* クラッカーや角切りトースト、オート麦のビスケットの上に、チェダーチーズとリンゴのスライス、細かく刻んだキムチをトッピングすれば、キムチカナッペのできあがりです。今度のカクテルパーティで、みんなを驚かせましょう。

* グリルドチーズ(食パンにチーズをはさみ、フライパンで焼いたサンドイッチ)にキムチをはさめば、アメリカのおふくろの味をエキゾチックにアレンジできます。

* ベイクドポテトにサワークリームとキムチをトッピングします。サワークリームも発酵食品です(p.107を参照)。

* 殻つきの生ガキにキムチの汁をかければ、ホットソースとレモンは不要です。

* キムチ味のナチョスには、"38度線以南"の風味が漂っています。

* "キムチーニ":ウォッカベースのカクテルにキムチの汁をひと振り。刺激的なのがお好みなら、たっぷりと入れましょう。

* キムチ・ブラッディマリーは、ブランチに最高のカクテルです。

* メキシコのカクテル、ミチェラーダをキムチでアレンジしましょう。縁(ふち)に塩をつけたグラスに氷を入れ、ライトビール、キムチの汁、ライムジュースを注いで軽く混ぜれば、キムチ・ミチェラーダのできあがり。暑い夏の日に最高のさっぱりとした冷たいドリンクです。

第 5 章
発酵乳製品

世界中の多くの人が、スーパーで気軽に牛乳を買って家に持ちかえり、冷蔵庫で保存しながら1週間ほどかけて飲んでいます。この牛乳は、ひょっとすると購入日の何週間も前に、何百キロ、何千キロも離れた牧場にいる牛から搾られたものかもしれません。

しかし、昔からこうだったわけではありません。

100年前の一般家庭には、電気冷蔵庫や電気冷凍庫がまだありませんでした。一部の家では、断熱材を張った箱を大きな氷の塊で冷やすアイスボックスが使われていました。しかし、高価なアイスボックスはどの家にもあるわけではなく、氷も溶けやすく、それほど便利なものではありませんでした。

ですから、昔は牛乳を保存するのは大変でした。室温で数時間も置いておくと、鮮度が落ちてしまうため、保存期間を延ばす方法を考えだす必要があり、結果的にすばらしい保存法が数多く生まれました。その多くに発酵がかかわっています。

牛乳の選び方

　発酵乳製品づくりでは、健康的で質のよい牛乳を使うほど、よいものができあがります。低温殺菌していない生乳は、人工的な処理がもっとも施されていないので、いちばん理想的です。こうした生乳を比較的簡単に入手できる国や地域もあれば、入手がむずかしかったり、違法だったりする地域もあります。もし生乳が手に入らないときは、脂肪を均質化していない低温殺菌牛乳を探してください。低温殺菌牛乳か、超高温殺菌牛乳かを選べるのなら、低温殺菌牛乳のほうを買いましょう。また、低脂肪乳よりも全乳のほうがよいです。

　また、穀物飼料を与えられている牛の乳よりも、牧場の草を食べている牛の乳を選びましょう。なぜなら後者の牛乳のほうが、より多くのビタミンA、ビタミンD、ビタミンE、ビタミンK_2を含有しているからです。また、もともと牛は穀物主体のエサをあまりうまく消化できません。そのため穀物飼料で育てられた牛は感染症にかかりやすく、抗生物質の使用量も多くなりがちです。活動的感染症にかかった牛の乳は通常、廃棄処分にされますが、牛に穀物飼料と抗生物質を与えて育てるという飼育法自体を避けるのがいちばんです。

　アメリカのように、乳牛に遺伝子組み換え成長ホルモン(rBSTまたはrBGH)の投与を禁じていない国に住んでいる人は、こうしたホルモンを投与していない生産者から牛乳を買うことを考えましょう。生乳や小規模な牧場の牛乳には、たいていこうしたホルモンは含まれていません。オーガニック牛乳には、いっさい入っていません。また、大手牛乳メーカーのノンオーガニック牛乳でも、rBST不使用やrBGH不使用とラベルに明記されているものがあります。

牛以外の乳

　世界の大半の地域では、牛や水牛からとれた乳がもっとも一般的で、入手もしやすいものです。しかし、これ以外にも、山羊、羊、ラクダ、馬、シマウマなどの乳が飲まれています。乳の特徴は動物ごとに異なります。本書で紹介するレシピは、牛乳を念頭に置いて書かれています。ほかの動物の乳を使うときは、成分が異なるため、発酵時間を調整する必要があるでしょう。

乳成分を含まない"ミルク"

　最近では、乳成分を含まない飲料も"ミルク"と称して、スーパーの棚に並んでいます。たとえば、豆乳、米乳(ライスミルク)、アーモンドミルク、ココナッツミルク、麻ミルクなどです。これらは通常、すりつぶした材料を熱湯で煮て、煮汁を濾したものです。しかし、食品メーカーは製造工程をスピードアップするために、ヘキサンなど身体に有害な溶剤を使用しています。商品の売れ行きを伸ばすためにさらに手を加え、人工甘味料や香料も添加しています。こうした"ミルク"は、とりわけ絶対菜食主義の人や低温殺菌牛乳を飲むとおなかの調子が悪くなる人に対し、牛乳よりも健康的な飲み物だと盛んに宣伝されています。

　しかし残念ながら、工業的に製造され人工甘味料を添加された乳成分を含まないミルクは、健康的な飲み物とはいえません。豆乳には、とくに次のような問題点が指摘されています。

* 有毒な溶剤が製造時に使用されることが多い
* 苦みを中和するために徹底的な加工処理が施されている
* アメリカで生産される大豆の90%以上は、遺伝子組み換え作物である
* 大豆を大量に摂取すると、身体の内分泌機能を乱すおそれがある

また、大豆に限らず、多くの"ミルク"には、口当たりをよくするために砂糖などの甘味料が加えられていることがあり、着色料で白くしているものさえあります。

　ですから、健康によいからという理由で、こうしたミルクを買おうと考えている人は、よく調べ、きちんとラベルを確認してください。原材料に不可解なものが含まれていれば、買いたいとは思わなくなるでしょう。甘味料の有無や遺伝子組み換え作物かどうかなどもチェックして、大豆の大量摂取にも気をつけてください。

　とはいえ、乳成分を含まないミルクでも、ヨーグルトやケフィアはたいていうまくつくれます。こうしたヨーグルトはスーパーでも売られていて、なかにはスターターとして使えるものもあります。ただしミルクの種類や銘柄により、でき具合も千差万別なので、乳製品のレシピをどのようにアレンジしたらよいか、本書でコツやポイントをお伝えするのはむずかしいです。必要に応じて調整しながら、自分なりに工夫してみてください。

乳糖不耐症

　一部の子どもや多くの大人は、牛乳に含まれている炭水化物の乳糖をうまく消化できず、牛乳を飲んだり、一部の乳製品を食べたりすると、腹部の膨張や不快感、おならなどに悩まされます。乳糖の分解酵素であるラクターゼが体内で十分に生成されないため、乳糖が腸のなかで発酵し、ガスを生じさせるのです。

　ところが発酵乳製品なら、ぐんと消化がよくなります。牛乳に含まれている乳糖のかなりの部分が微生物に分解され、少なくなっているからです。乳糖の多くは微生物の働きで、発酵乳製品に独特の酸味を与える乳酸へと変化しています。

　また、生乳には乳糖分解酵素のラクターゼが含まれています。"乳糖不耐症"で、低温殺菌牛乳を飲むとおなかの調子が悪くなる人でも、生乳なら問題なく飲める人は大勢います。それどころか、生乳を飲めば、問題を起こしていたほかの乳製品の消化も助けてくれます。

　生乳に含まれているラクターゼは、低温殺菌牛乳には含まれていません。低温殺菌処理により、ほかの酵素や熱に弱いビタミンとともに破壊されてしまうからです。こうした損失を補い、栄養価を高めるために、低温殺菌牛乳にはよく合成ビタミンが加えられています。しかし、こうしたビタミンは天然ビタミンにくらべ、身体に吸収されにくいでしょう。

牛乳の選び方

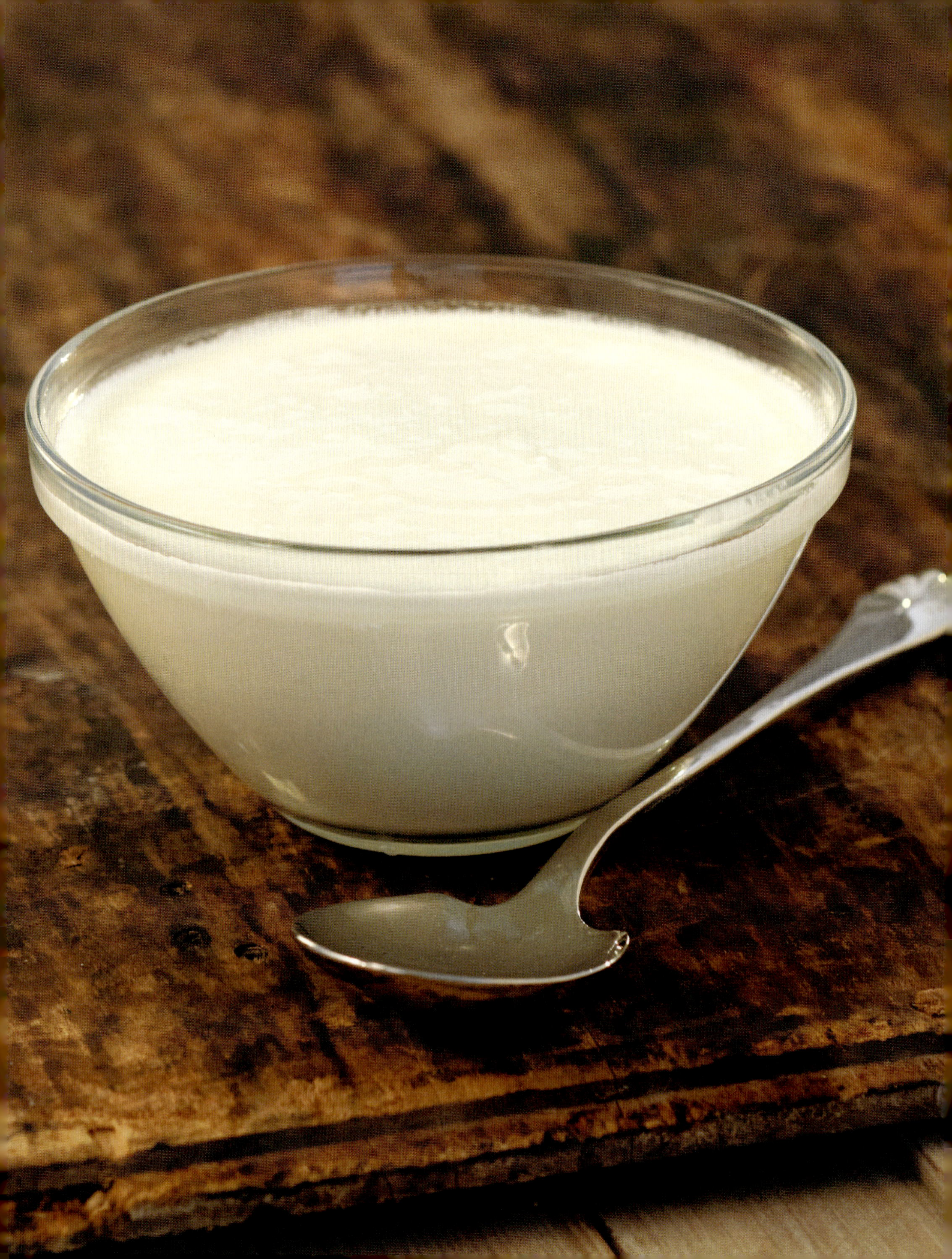

ヨーグルト

　ヨーグルトは、中東で今から4500年以上も前に偶然生まれたと考えられています。当時、乳などの液体の運搬方法は限られていて、乳は、簡単に手に入り防水性もある動物の皮袋で運ばれていました。おそらくは動物の皮に付着していた細菌がたまたま乳に混入し、日光で温められて発酵が進んだ結果、今日私たちがヨーグルトとよんでいるものが誕生したのでしょう。この動物の皮にヨーグルトの種菌が棲みつくようになると、同じ皮を利用してつぎつぎとヨーグルトをつくったり、そのヨーグルトをスターターとして利用したりするようになりました。

　ヨーグルトは何千年も前から食べられていて、地中海沿岸地方や西アジア、中央アジア、南アジアにおける伝統食です。近年では、北アメリカや北ヨーロッパ、そして乳製品をあまり食べない極東各地でも、広く食べられています。

　ヨーグルトは、乳酸菌という細菌を乳に混ぜ、温かい温度で発酵させたものです。乳酸菌にはさまざまな種類があり、その構成はヨーグルトをつくるたびにすこしずつ変わります。乳酸菌の種類が変われば、味や食感も変わります。通常、ヨーグルトづくりでは、乳を加熱して多少なりとも滅菌し、43℃ぐらいまで冷ましてから、乳酸菌を加えて一定時間保温し、発酵を進めます。

材料

ヨーグルト　大さじ6（90g）　スターターとして使う（p.101を参照）

牛乳　950mℓから大さじ6（90g）分を引いたもの

道具

広口の密閉ガラスびん（容量950mℓを1個、または475mℓを2個）

中型ソースパン

料理用の温度計

ガラスびんを入れておく保温器（断熱材入りの保温バッグ、またはクーラーボックス、45℃ほどで保温できる種火式オーブン、45℃に温度設定できる食品乾燥機、ヨーグルトメーカー）

ガラスびん　数個（大きさは自由）

できあがり：950mℓ

調理時間：10分

完成：12－24時間後

つくり方

1. スターターとして使うヨーグルトの分量をはかり(a)、ガラスびんに入れる。475mlのガラスびんを2つ使う場合は、2等分して入れる。

2. 牛乳をソースパンに入れて、火にかける。80℃近くまで加熱したら、火から下ろし、45℃か、それよりもすこし温かい温度まで冷ます。早く冷ましたいときは、ソースパンごと冷水か氷水に浸けるか、金属製のボウルに牛乳を移して冷ます。

3. 牛乳をガラスびんに注ぎいれる(b)。ガラスびんの上部に2.5cmほどのすき間を残しておく。ふたを閉めて、びんをよく振り、ヨーグルトと牛乳をよく混ぜる(c)。

4. 用意しておいた保温器にガラスびんを入れる(d)。保温器自体に熱源がない場合は、予備のガラスびんに熱めの湯(55－60℃)を入れ、ヨーグルトのびんと並べて置く。

5. 12－24時間後には、ヨーグルトができあがる。好みでヨーグルトを冷蔵庫に入れると、さらに固まる。

ヨーグルトは、冷蔵庫で2週間ほど保存できます。1－2週間ほど経つと分離しはじめ、透明な液体がヨーグルトの上に浮いてきますが、腐ったわけではないので安心してください。この上澄みはホエー(乳清)とよばれ、詳しくは次のレシピで説明しています。

自家製ヨーグルトの食べ方

ヨーグルトには、さまざまな食べ方があります。もちろん、なにも入れずそのままでも食べられますし、少量のハチミツやメープルシロップを入れたり、果物にかけたりしてもよいでしょう。発酵させたフルーツチャツネ(p.120を参照)を入れれば、発酵食品をダブルで摂取できます！ 刻んだ野菜やハーブなどを混ぜてもよいです。さらにスムージーやミルクシェイク、スープのベースにも使え、料理にも牛乳やサワークリームの代わりに使えます。スパイシーな中東やインドの料理にも、よく添えられています。

ヨーグルトのスターター

　よいスターターを使うほど、よいヨーグルトができあがります。通常は、いまあるヨーグルトをスターターとして使えば、ヨーグルトづくりに適した乳酸菌が手に入ります。もしあれば、自家製ヨーグルトをスターターとして使いましょう。市販のものを使う場合は、店に並んでいるヨーグルトのなかでいちばんよいものを選びます。なるべく新鮮な全乳のプレーンヨーグルトで、極力加工処理を施されていないものを探しましょう。ゼラチンや脱脂粉乳など、妙なものが混じっていないことも確かめてください。もちろん、ヨーグルトの種菌が生きていることも重要です。商品のラベルをよく読みましょう。製造日は新しいほうがよいです。日にちの経ったヨーグルトは、乳酸菌の活動が鈍っています。乳酸菌はヨーグルト中の乳糖を"食べて"しまうと、食べるものがなくなり、次第に死んでしまうのです。

重要なポイント：生乳を使うときは、高温で加熱して滅菌する工程を飛ばし、牛乳をたんに適温に温めて、スターターを加え、そのまま保温してもかまいません。こうしてつくられたヨーグルトは、身体によい微生物をより豊富に含み、健康にもよいものです。しかし、どのような感じのヨーグルトになるか予測しづらく、高温で加熱した牛乳のヨーグルトよりも、さらさらしたものになるかもしれません。

チーズ

　乳をチーズに加工しても、保存性と運搬性が高まります。チーズは、乳のタンパク質を凝固させ、水分を抜いてつくります。この水分は、ホエー（乳清）、またはチーズホエーとよばれます。チーズホエーは、ヨーグルトホエー（p.102を参照）とは異なります。チーズづくりでは、乳を加熱することが多いため、ホエー中に生きた乳酸菌は含まれておらず、スターターとしては使えません。

　チーズづくりには、凝乳というプロセスがあります。乳にレモン果汁や酢のような酸を加えたり、乳を乳酸菌で発酵させたりすると、カード（凝乳）とホエーに分離するので、ホエーを除きます。リコッタやカッテージチーズなどフレッシュタイプのチーズは、この時点でほぼできあがりで、凝乳とさほど変わりません。

　そのほかのチーズでは、さらに酵素を加え、凝乳のプロセスを続けます。酵素には、子牛の第4胃袋から抽出されたレンネットという凝乳酵素か、植物や菌から抽出した代用酵素を使います。酵素の量、熟成中の温度や湿度、細菌の種類、塩加減、熟成度などを変えることで、さまざまな種類や風味のチーズが生まれます。特定のカビを混ぜたり、ワックスでコーティングしたりと、さまざまな処理を施すこともあります。

　チーズづくりには膨大な情報が必要なため、本書ではチーズのつくり方は紹介していません。チーズのつくり方を紹介した本や記事はかんたんに入手できますし、チーズのつくり方を教えてくれる学校や教室もあります。巻末の参考文献リストも参照してください。

水切りヨーグルトとホエー

　ヨーグルトをガーゼやふきんで水切りすると、濃厚なヨーグルトとさらさらのヨーグルトホエーに分離します。水切りヨーグルトは、ふつうのヨーグルトよりも濃厚でコクがあり、凝固しにくいので、ふつうのヨーグルトでは使いにくい料理にも加えられます。パンに塗ってもおいしく食べられ、ソースのコクを出すのにも重宝します。フルーツにかけたり、ハチミツを入れたりして、デザートや朝食にも出せます。

　いっぽうのヨーグルトホエーは、乳酸菌を豊富に含んでいるので、野菜や果物を発酵させるのに利用できます（発酵にホエーを使うときの注意点は、p.72を参照）。また、ほどよい酸味があり、消化もよいため、すばらしいプロバイオティクスドリンクにもなります。

材料

プレーンヨーグルト（自家製、または市販のもの）　900g

道具

目の詰んだガーゼ、またはふきん（できれば、塩素漂白されていないもの）

目の細かい、大きいざる

ボウル、またはピッチャー（水切りの受け皿にする）

木製スプーン（必要に応じて）

できあがり：約450gの水切りヨーグルトと475mlのホエー

調理時間：5−20分

完成：4−12時間後

つくり方

1　ガーゼ、またはふきんを浄水で湿らせ、ざるの上に広げる。あらかじめガーゼを濡らしておけば、ガーゼに吸いとられるホエーの量が少なくなる。

2　ボウルかピッチャーの上にざるを置く。

3　ヨーグルトをざるに入れ(a)、水切りする(b)。

a

b

c

d

e

4　ヨーグルトから少し水が出てきたら、ガーゼの端を木製スプーンの柄に結び、受け皿のボウルかピッチャーの中に水が落ちるようにする(c)(d)(e)。こうしないときは、ざるを皿などで覆い、ヨーグルトに異物が入らないようにする。

5　水切りしたヨーグルトは密閉容器に入れて、冷蔵庫で保存する。ヨーグルトは冷えると、さらに固くなる。ホエーも冷蔵庫に入れる。どちらも、なるべく2週間以内に使いきる。傷みはじめると、糸を引いたり、カビが生えたりするのでわかる。

水切りヨーグルトとホエー

ケフィア

　ケフィア（別名：ヨーグルトきのこ）は、ヨーグルトによく似た発酵乳ですが、ヨーグルトよりも薄く、流動性があります。ケフィアがどのようにして生まれ、いつごろから飲まれているのかは、推測の域を出ません。一説によれば、紀元前3000年ごろには、すでにコーカサス地方で飲まれていました。預言者マホメットがアッラーの神から授かったものだという伝説もあります。

　いずれにしても、ケフィアづくりに必要なスターターは、コーカサス地方の人びとの間でずっと守られ、外部へ持ちだすことが厳しく戒められていました。20世紀初めにロシアのスパイがスターターを盗みだしてモスクワに持ちかえり、そこからケフィアは世界中に広まったといわれています。現在、ケフィアはヨーグルトが食べられているのとほぼ同じ地域で消費されています。ヨーグルトよりも薄いため、どちらかといえばドリンクとして飲まれていて、ほかのドリンクやスープに混ぜたり、牛乳の代わりに使われたりもしています。ケフィアとヨーグルトの最大の違いは、①ヨーグルトをつくる乳酸菌は40℃よりもやや高い温度でもっとも活動的になりますが、ケフィアをつくる微生物は常温で活発に活動します。②ケフィアのスターターは、カッテージチーズのような乳白色の粒の塊で、"ケフィアグレイン（ケフィア粒）"とよばれ、使用後は濾して、繰りかえし使えます。

　ケフィアグレインは、さまざまな乳酸菌や酵母が乳成分の塊に棲みついてできたものです。ケフィアづくりに使ったあと、濾して取っておけば、次回もスターターとしてまた使えます。使ううちに、だんだん大きくなってきます。健康食品店やインターネットで入手できるでしょう。運がよければ、知り合いから分けてもらえるかもしれません。

材料

牛乳　950mℓ、またはそれよりもやや少なめ

ケフィアグレイン　大さじ1-2（15-30g）

道具

広口の密閉ガラスびん（容量950mℓを2個）

中型ソースパン（必要に応じて）

料理用の温度計（必要に応じて）

茶こし（ガラスびんの口にあうサイズが理想的）

できあがり：950mℓ

調理時間：5-20分

完成：12-24時間後

つくり方

1. 好みで、牛乳をソースパンで80℃まで温めてから、40℃以下に冷ます。こうすることで、牛乳に含まれている微生物を殺菌できる。実際には、ケフィアの微生物がすぐに繁殖して、牛乳中のほかの微生物よりも優位に立つため、このステップを省いても問題はない。

2. ガラスびん1つに牛乳を注ぎ、びんの上部にある程度のすき間を残しておく（2.5cmもあれば十分）。ケフィアグレインを加える(a)。

3. ふたをして、よく振る(b)。

4. びんを室温で12－24時間置いておく。部屋が暖かいときはやや短めに、寒いときはやや長めにする。数時間おきにびんを振る。

5. ケフィアができたら、最後にもういちどびんをよく振る。2つ目のびんの口に茶こしを置き、ケフィアを注ぐ(c)。茶こしには、ケフィアグレインが残る(d)。

6. ケフィアのびんにふたをして、冷蔵庫に入れれば、数カ月間は保存できる。常温でも数週間はもつ。ある時点からケフィアは分離しはじめ、最終的にはひどく酸っぱくなり、泡立ってくる。飲んでおなかを壊す前に、もはや飲む気がしない状態になる。

7. ケフィアグレインは、すぐに次のケフィアづくりに利用できる。すぐに使わないときは、浄水で洗ってから、浄水を満たした小さなびんに入れ、次に使うときまで冷蔵庫で保管する。

ケフィアづくりのプロセスで注意が必要なのは、ケフィアを濾すときです。とくに均質化されていない牛乳を使うと、ケフィアグレインと乳脂肪の粒との見分けがつきにくくなります。ケフィアをびんごとよく振ると、脂肪の粒だけが砕けます。また、すぐにケフィアを濾したほうが、塊状になりにくく、濾しやすいでしょう。いずれにしても、あまり厳密に考える必要はありません。ケフィアグレインとともに少量の脂肪を濾しとり、一緒に保管したとしても、ケフィアグレインを多少食べたとしても、なんの問題もありません。ただし、ケフィアグレインを全部食べてしまうと、次からケフィアをつくれなくなるので気をつけましょう。

フレーバーヨーグルトとケフィア

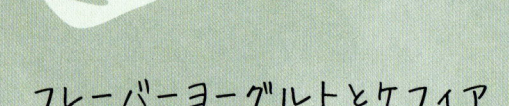

　スーパーに行くと、さまざまなヨーグルト製品がずらりと棚に並んでいて、ケフィアもちらほら見かけます。これだけの数のなかから、いったいどれを選べばよいのでしょうか？　スーパーでは、じっくりとラベルに目を通してください。ヨーグルトやケフィアには、牛乳（全乳が理想的）とスターターとなる種菌が含まれていなければなりません。果物やハチミツ、メープルシロップなどの天然甘味料が入っていてもかまいません。しかし、それ以外のものは、どうも問題がありそうです。たとえば多くの"ライト"ヨーグルトには、ゼラチン、コーンスターチ、脱脂粉乳、人工甘味料などが含まれていますが、これらは本来ヨーグルトやケフィアとは無関係のものです。

　こうしたあやしげな商品がスーパーの棚に並んでいるのを見ると、ヨーグルトやケフィアは、やはり自分でつくるのがいちばんだと思えます。使う材料を自分の目で見て、確かめられるからです。

　自家製ヨーグルトやケフィアのつくり方をマスターしたら、自分の好みにあわせて味つけしてもよいでしょう。プレーンな味のものをつくり、食べるときに新鮮な果物やドライフルーツ、甘味料などを混ぜるのがいちばんです。また、キュウリやニンニク、ディル、フェンネル、キャラウェイ、ミントなど甘くないものを加えてもよいでしょう。

ヨーグルトとケフィア

　ヨーグルトとケフィアは、多くの共通点をもつ、よく似た食品です。どちらも酸味のある乳製品で、保存食かつ発酵食品です。そのまま、あるいは料理やデザートに混ぜて、世界中で広く食べられています。生きた微生物を含んでいるので消化によく、栄養にも富んでいます。ヨーグルトとケフィアのどちらをよくつくって食べるかは、人それぞれの好みです。ヨーグルトやケフィアを使うお気に入りのレシピがあるかもしれませんし、料理によって、とろみのあるヨーグルトとさらりとしたケフィアを使いわけている人もいるでしょう。

　ヨーグルトとケフィアは、とろみ加減が違う以外は、どちらを料理に使ってもさほど変わりありません。しかし、次のような理由から、私は個人的にヨーグルトよりもケフィアのほうが好きです。

* ヨーグルトづくりに必要な温度（体温よりも高い）よりも、ケフィアづくりに必要な温度（室温）を保つほうが簡単です。もちろん、とても暑い国に住んでいれば、話は別です！　私の場合、ケフィアづくりはきまって成功しますが、ヨーグルトづくりには時々失敗します。ヨーグルトがすぐに分離したり、固まらなかったり、変なにおいがついたりするのは、おそらくこれが原因でしょう。

* ヨーグルトは、牛乳を加熱して冷ましてからスターターを加えたほうが、もっとも成功率が高くなりますが、ケフィアは、この作業をしてもしなくてもうまくできます。牛乳を加熱して冷ますのには、時間と手間がかかります。さらにとりわけ生乳を使う場合は、加熱により牛乳中のビタミンや酵素の一部が破壊されてしまいます。

* ヨーグルトよりもケフィアのほうが、通常は乳酸菌や酵母などさまざまな微生物を含んでいます。生乳を加熱せずにつくったケフィアならなおさらで、さらに天然のビタミンも豊富です。ですから、ケフィアのほうがヨーグルトよりも身体への潜在的なメリットは大きいといえるでしょう。

クレームフレーシュ

　クレームフレーシュは、フランス語で"フレッシュクリーム"という意味ですが、実際には、発酵させて酸味をつけたクリームのことです。

　もともとクレームフレーシュは、低温殺菌していないクリームを乳酸菌の働きで自然発酵させたものでした。低温殺菌したクリームを使う場合、この方法ではクレームフレーシュはつくれません。低温殺菌処理により、乳酸菌が死んでしまうからです。低温殺菌していないクリームが入手できないときは、代案として低温殺菌クリームを温め、スターターを加えて発酵させます。スターターとして使えるのは、ヨーグルト、ケフィア、発酵バターミルク(p.111を参照)などです。発酵バターミルクを使うと、低温殺菌していないクリームを自然発酵させたのにもっとも近いものができるでしょう。また自家製のクレームフレーシュがあれば、それもスターターとして使えます。

　クレームフレーシュは、通常30−40％のバター脂肪を含んでいます。アメリカのサワークリームは、クレームフレーシュに似ていますが、こちらはクリームと牛乳を(半量ずつ)混ぜてつくったもので、通常18−20％のバター脂肪を含んでいます。市販のサワークリームには、たいてい増粘剤や酸性化剤が加えられ、さまざまな香料が入っていることもあります。"ライト"サワークリームも売られていますが、これは脂肪分がさらに少なく、さらに多くの添加物を含んでいます。無脂肪のサワークリームもありますが、これは脂肪分がゼロで、ますます多くの添加物を含んでいます。市販のサワークリームやクレームフレーシュは、発酵後に低温殺菌してあることが多いため、スターターには使えません。スーパーで買ったサワークリームやクレームフレーシュが低温殺菌してあるかどうか、よくわからないときは、スターターには使わないでください。バターミルクやヨーグルトを使うほうが簡単です。

　自家製のサワークリームは、クレームフレーシュよりもつくるのがむずかしく、そのわりに満足度が低いので、つくるのなら、クレームフレーシュがおすすめです。どうしてもサワークリームをつくりたい人は、ヨーグルトづくりのときのようにきちんと温度管理を行なってください。

市販のクレームフレーシュ

　市販のクレームフレーシュは、発酵後に低温殺菌してあるものが多く、乳酸菌は死んでいます。このため、スターターとしては使えず、身体によいプロバイオティクスも失われています。"菌が生きている"とパッケージに書かれていなければ、おそらくそれは発酵後に低温殺菌されたものでしょう。

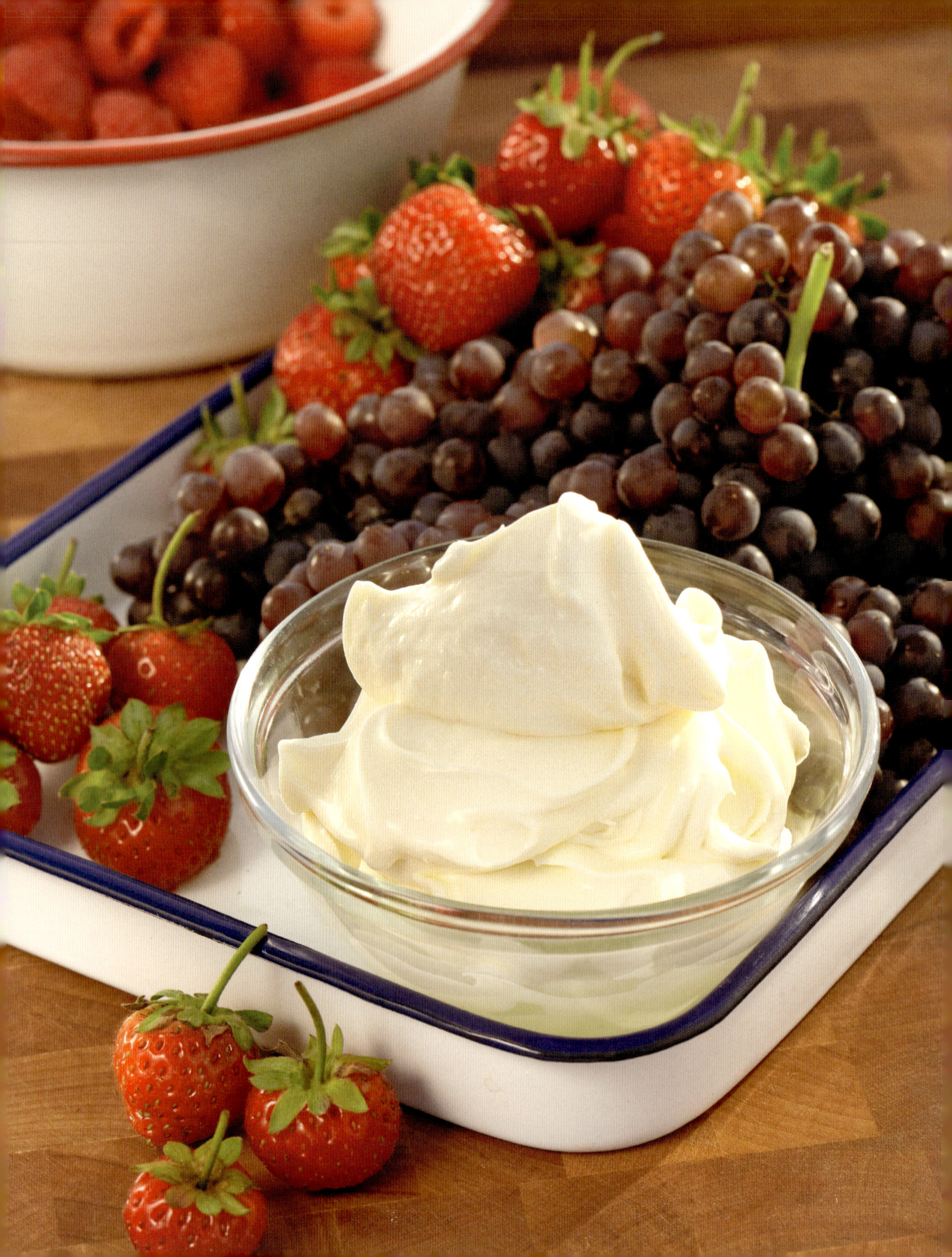

クレームフレーシュは、ヨーグルトとほぼ同じ方法（p.99を参照）でつくれますが、さまざまなスターターが使えます。温度管理もそれほどむずかしくはなく、断熱材入りのバッグや保温器に入れなくても、暖かい部屋でつくれます。低温殺菌していないクリームが手に入らなければ、低温殺菌クリームとスターターを使いましょう。また、超高温殺菌クリームは、スターターを使ってもうまく発酵しないでしょう。

材料

低温殺菌していないクリーム　350－400ml

低温殺菌クリームを使うときは、スターターとして
ヨーグルト、ケフィア、または発酵バターミルク　大さじ3（45g）
（低温殺菌していないクリームを使うときは、スターターはなくてもよい）

道具

広口の密閉ガラスびん（容量475ml）

できあがり：450g

調理時間：10分

完成：12－18時間後

つくり方

1. スターターを使うときは、分量をはかって、びんに入れる。

2. クリームをびんに加える。びんの上部に2.5cmほどのすき間を残しておく。ふたを閉めてよく振り、スターターとクリームをよく混ぜる。

3. びんを暖かい場所に12時間から1晩、置いておく。クリームの状態を確認し、どろりとしていなければ、さらに6時間置く。

4. クリームがどろりとしたら、冷蔵庫で保存する。1－2週間はもつ。

クレームフレーシュは、加熱したり、レモン果汁や酢などの酸を加えたりしても、クリームのように凝固しないので、料理に重宝します。

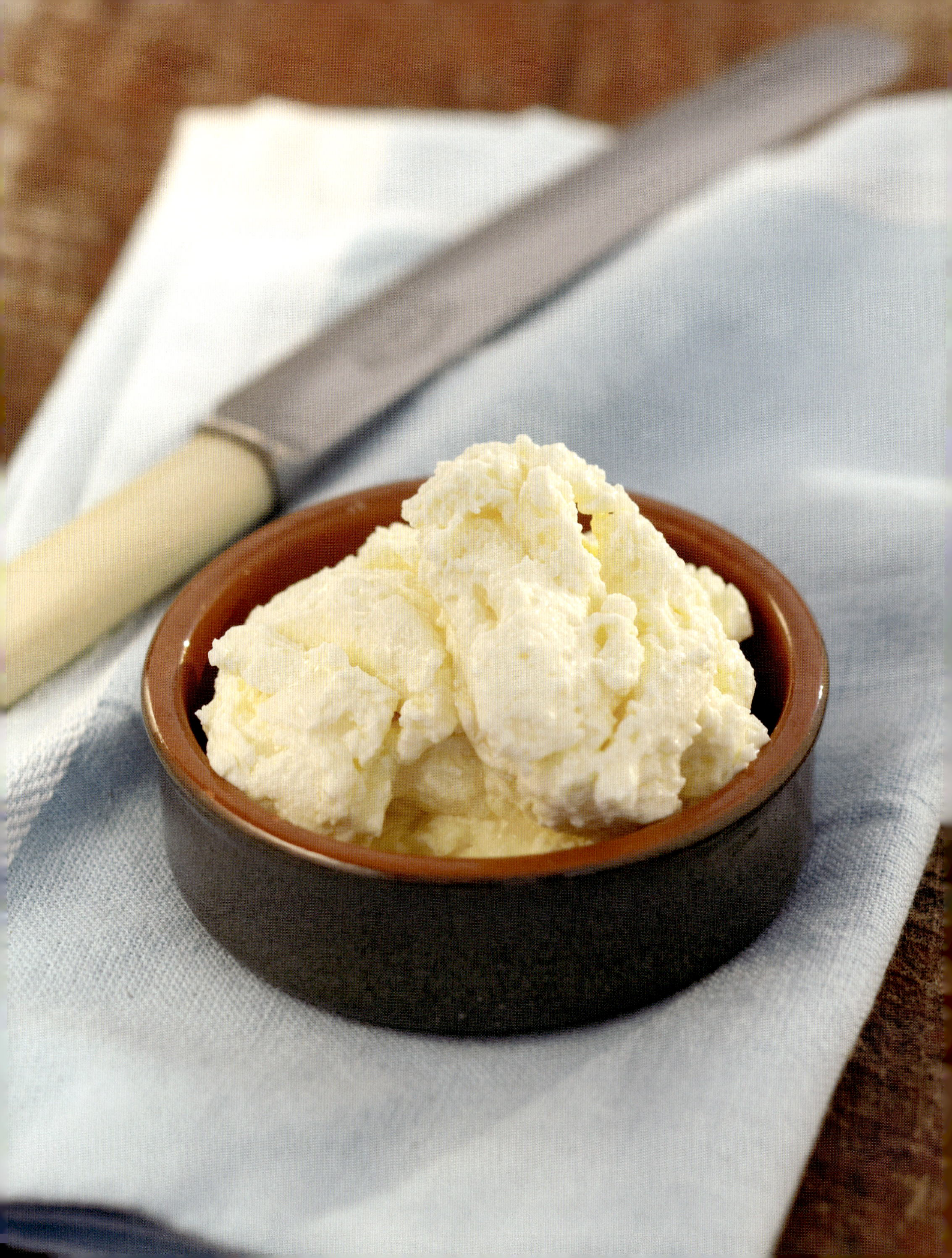

バターとバターミルク

　クレームフレーシュはクリームの保存法のひとつで、酸味を強くすればするほど、腐りにくくなります。クリームのもうひとつの保存法は、バターにすること、すなわち水分と炭水化物の大半を抜き、少量のタンパク質と多量の脂肪分を残すことです。まずクレームフレーシュをつくり、それをバターにすれば、両方の長所が取りこめます。

　低温殺菌クリームからつくったバターは、スイートクリームバターとよばれます。これに対し、発酵クリーム（クレームフレーシュなど）から同じプロセスでつくったバターが発酵バターです。

　昔のバターは、たいてい発酵バターでした。クリームは生の状態で、冷蔵もできなかったため、バターづくりに必要な分量が集まるころには、大部分のクリームが自然に発酵を始めていたからです。今日では、香りがよいから、身体によい乳酸菌を含んでいるから、保存性が高いからといった理由で、発酵バターがつくられています。実際に市販のスイートクリームバターの多くには、発酵バターのような風味を出すために香料が添加されています（ラベルを見ればわかります）。

　それなら、なぜすべての生産者が発酵バターをつくらないのでしょうか？　それは、発酵バターはふつうのバターにくらべ、つくるのに時間がかかるからです。小規模生産者が自家製バターをつくるのなら、すこしぐらい余計に時間がかかっても、たいしたことではありません。どのみち手間ひまかけてバターをつくるからです。しかし、大手食品メーカーともなると「時は金なり」です。クリームを発酵させるよりも、添加剤を使ったほうが手っとり早く、コスト的にも安く、不測の事態が起こることも少なくなります。

　バターづくりは、じつにシンプルです。クリームをびんに入れ、バターになるまでよく振るだけです。子どもがいる家庭なら、もっと簡単。子どもにびんを手渡して、しゃかしゃかと振らせましょう！泡立て器やミキサー、フードプロセッサーを使ってもかまいません。

　クリームを入れたびんを振っていると、バターと液体に分離します。この液体が、本物のバターミルクです。発酵バターをつくるときに出るバターミルクのほうが、スイートクリームバターをつくるときに出るものよりも興味深く、より風味豊かで、酸味も強く、生きた種菌を含んでいます。どちらにしても、クリーム中の脂肪分はバターのほうに集まるので、本物のバターミルクは脂肪分がゼロか、それに近い状態です。

　スーパーで売られているバターミルクは、たいていスキムミルク（脱脂乳）にスターターを加えて発酵させたものです。発酵バターをつくるときにできるバターミルクにかなり似ていますが、市販のバターミルクには、乳タンパク質が全量含まれているのに対し、自家製のバターミルクでは、乳タンパク質の大半はバターのほうに含まれ、バターミルクにはあまり入っていません。発酵バターミルクは、ヨーグルトホエーと同じく、ほかの発酵食品のスターターとして使えます。風味がよく、酸味もあるため、さまざまな料理でも重宝します。生きている微生物には肉をやわらかくする働きもあるので、マリネ液に入れてもよいでしょう。

できあがり：さまざま

調理時間：10−15分

完成：10−15分後

材 料

クリーム、または発酵クリーム（クレームフレーシュなど）

氷水

海塩（好みで）

道 具

広口の密閉ガラスびん　　2個

泡立て器、フードプロセッサー、ミキサー、またはハンドミキサー（あれば）

小型のボウル　　　　　木製スプーン

中型のボウル　　　　　まな板（あれば、溝があるもの）

つくり方

1. クリームをびんに入れて(a)、しっかりとふたを閉め、中身が固まるまで、よくびんを振る(b)。または、上記の道具を使って、固まるまで混ぜる(c)。

2. 分離した液体を小型のボウルに移す(d)。

3. 氷か氷水を2のバターに加え(e)、ふたたびよく撹拌する(f)。こうすることで、さらに水分が出る。

4. 木製スプーンでバターを中型のボウルに移すか、まな板に乗せる。

5. バターを木製スプーンでよくこねて、残りの水分をさらに出す(g)。水分をできるだけ抜くと、バターの持ちがよくなる。

6. 好みにより、こねている途中で塩を加え、味をつける。

7. バターを冷蔵庫に入れる。バターが冷えて固まったら、ふたたびこねて、さらに水分を抜いてもよい。

a

d

g

b

c

e

f

ひとことメモ

　発酵バターは、発酵途中のクリームからもつくれます。クレームフレーシュ（p.107を参照）をレシピどおりにつくりますが、時間をかけてじっくり発酵させる必要はありません。

第 6 章
果物の発酵調味料

果物、とくに果肉のやわらかい果物は、常温では長く保存できません。冷蔵庫に入れても、すぐに味が落ちてしまいます。

しかも果物は、いっせいに熟してしまいます。夏の終わりには、完熟のモモが大量に出回り、食べ飽きてしまいますが、2月になると、無性にモモが食べたくなります。しかし、スーパーに並んでいるモモは、夏に農家の直売所で買うものほどおいしくはありません。

果物を発酵させれば、この夏の恵みをふたたび生で味わえるようになるまで保存できます。発酵作用で甘酸っぱい味になるので、生のときの甘いだけの味よりも、スパイシーな料理のつけあわせに向いています。

私たちが現在食べている酸っぱい食べ物の多くは、ルーツをたどれば、伝統的な発酵食品に行き着きます。これまでの章では、野菜と乳製品の例を紹介しましたが、この章では果物についてお話ししたいと思います。

酸味のある果物の発酵調味料は、風味豊かな肉料理や魚料理、穀物や野菜の料理のつけあわせに最適です。インド料理には、マンゴチャツネやライムのピクルスなど、酸味のあるさまざまな薬味が添えられます。インドのような暑い国では、果物がすぐに発酵することは、容易に想像できます。発酵した果物の甘酸っぱさは、バターを使った料理の脂っこさをやわらげ、穀物料理のずっしりとした口当たりを打ち消してくれます。

果物の発酵調味料は、乳製品やペーストリーなどのデザートにも添えられます。単独でもデザートになり、炭酸水や少量の甘味料とともにグラスに入れれば、ドリンクとしても楽しめます。

果物は、野菜よりも発酵させるのにコツがいります。多くの果物は糖度が高く、酵母が繁殖しやすいため、細菌のスターターを使い、しっかりと発酵を進めないと、調味料ではなくフルーツワインになってしまいます。果物を発酵させてアルコール飲料にしても、もちろんなんの問題もありませんが、アルコールはこの章のテーマではありません。それについては、次の章で詳しく説明しています。

果物の発酵に適したスターターは、野菜の乳酸発酵に使うのと同じく、ヨーグルトホエー、自家製ザウアークラウトの漬け汁、市販のスターターです。

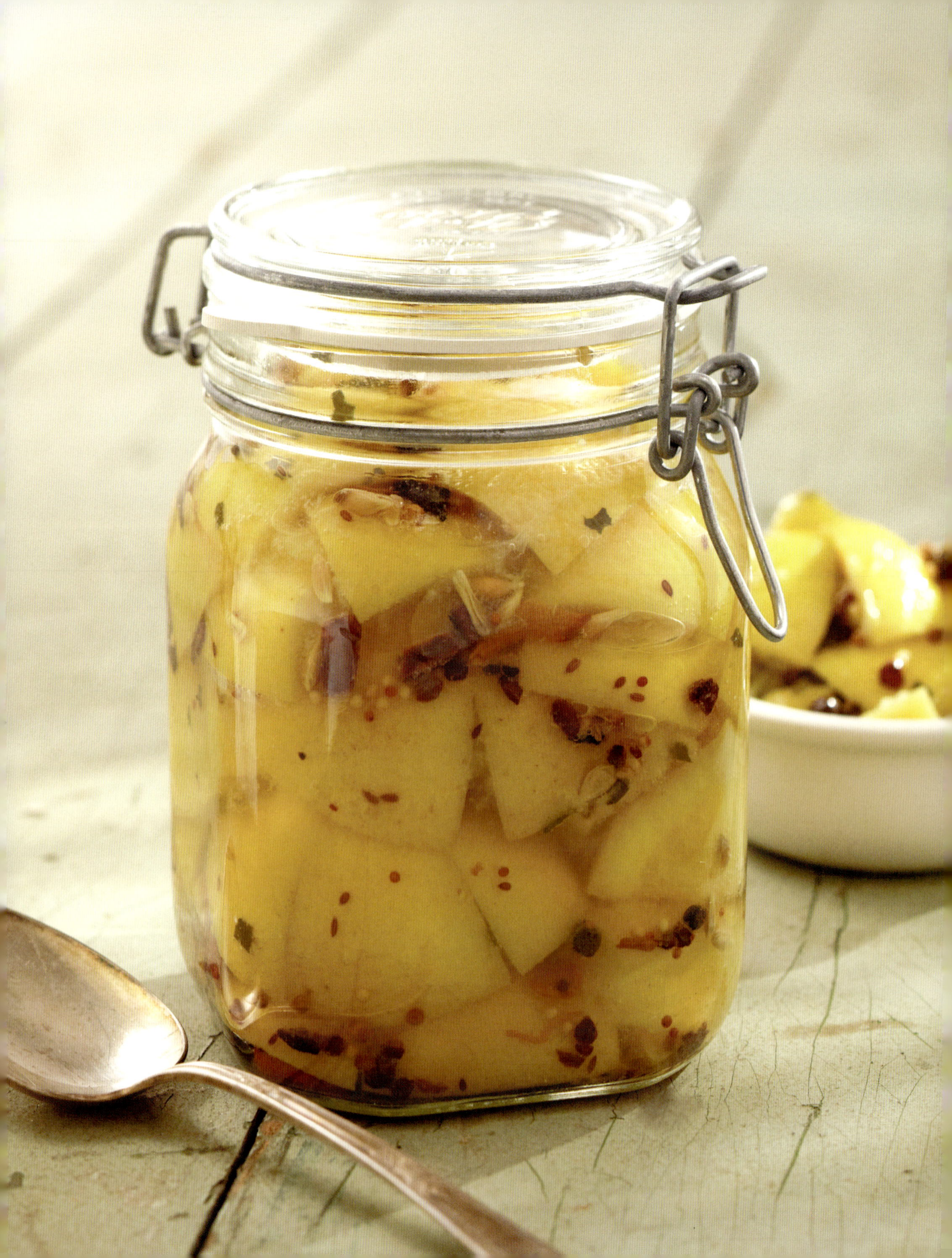

塩レモンと塩ライム

　レモンやライムは、塩漬け、とくに香辛料とともに塩漬けにすると、複雑な深い風味をかもしだします。さらに数カ月から1年以上も保存が可能になり、時間が経つほど、より奥深い味になります。

　塩レモンは北アフリカ料理には欠かせないもので、塩ライムのほうは、東南アジアの料理でよく使われます。塩レモンや塩ライム、あるいはふたつを混ぜたものは、中南米料理のセビーチェやさまざまなカクテルにユニークな風味を添えます。また、1-2切れの塩レモンや塩ライムをグラスにしぼり、氷と少量の砂糖を入れれば、暑い夏にうってつけのドリンクになります。電解質と炭水化物を含みながらも、市販のスポーツドリンクのように保存料や着色料は入っておらず、まさに天然のスポーツドリンク、究極のレモネードです。

　ノンオーガニックの柑橘類は外皮に農薬が蓄積しているので、塩レモンや塩ライムづくりでは、有機栽培のものを使うのがとても重要です。もし、運よくあなたの家の庭でレモンやライムが実ったら、ぜひともそれを使いましょう。

材料

レモン、またはライム、あるいは両方　675g
(大きさにもよるが、レモンなら5-6個、ライムなら8-10個ほど)

海塩　60g

各種の香辛料(シナモンスティック、ローレル、クローブ、コショウの実、コリアンダーシード、あるいは"ピクリングスパイス"などを好みで組みあわせる)

レモン果汁、またはライム果汁(必要に応じて)　1-2個分

道具

まな板(できれば木製)

包丁

広口の密閉ガラスびん(容量475mℓ)

できあがり：475mℓ

調理時間：10分

完成：半年後

つくり方

1. レモン／ライムは、使う1時間ほど前に冷蔵庫から出し、室温に戻す。

2. レモン／ライムにワックスがかかっているとき、あるいはノーワックスかどうか不明のときは、熱湯に30秒間つけ、ワックスを取って冷ます。

3. レモン／ライムをまな板に乗せ、皮が裂けない程度の力を加えながら手のひらで転がし、実をやわらかくする(a)(b)。

4. レモン／ライムを半分に切り(c)さらに4つ割りにする(d)。または完全に4つ割りにせず、4分の3程度まで切り込みを入れる。種を取る。

5. びん底に塩と(好みで)香辛料を少々入れ(e)、レモン／ライム1個分をぎゅっと押しつける(f)。すべてのレモン／ライムを詰めるか、びんがほぼいっぱいになるまで、これを繰り返す(g)。出てきた果汁に実が十分浸からない場合は、レモン／ライムを1-2個しぼり、その果汁を加える。ふたを閉める。びん上部に2.5cmほどのすき間を残す。

6. 直射日光の当たらない場所にびんを置き、室温で発酵させる。最初の1週間は、毎日びんのふたを開け、果物がしっかり果汁に浸かるよう、ぎゅっと押す。1-2週間ほどで、果物の性質が変わりはじめる。室温で発酵させれば、それから1年間ほどかけて味わいが深まる。発酵のスピードを緩めたければ、いつでも冷蔵庫に入れてよい。

a

d

g

ひとことメモ

とくに果汁が少ないと、レモンやライムの表面に少量の白カビが生えることがありますが、問題はありません。カビをきれいに取り除き、果汁を足しましょう。しかし、ふわふわのカビが大量に生えたら、残念ながら捨てるしかありません。もういちど最初からつくりましょう。

レモンやライム以外の柑橘類も、発酵させられます。メイヤーレモン、グレープフルーツ、キンカン、ユズなどが最適でしょう。オレンジは糖度が高いので、うまく発酵が進みません。繰りかえしますが、できるだけ無農薬の柑橘類を探してください。そうでないと、皮についた農薬が塩レモンや塩ライム全体に広がってしまいます。

b

c

e

f

塩レモンや塩ライムの食べ方

* 塩レモンを刻み、サラダに使いましょう。キュウリのサラダ、キュウリとヨーグルトのサラダ、ツナサラダ、ポテトサラダによくあいます。みじん切りか、ピューレにした塩レモンをオリーブオイルと混ぜても、おいしいドレッシングができます。

* 塩レモンをごく薄くスライスし、焼き魚に添えましょう。また、クレームフレーシュとともに魚の燻製に添えると、おいしい発酵食品トリオになります。

* ローストチキン(鶏の丸焼き)をつくるとき、塩レモンのみじん切りとあらびきの黒コショウを皮や体の内側にすりこんで焼きます。

* シチューやタジン鍋に塩レモンを適量入れると、柑橘系の香りが楽しめます。

* ベトナムには、塩レモンまたは塩ライム、氷、水または炭酸水、砂糖でつくる塩気のあるドリンクがあります。塩レモンと塩ライムを両方混ぜても、ほかの柑橘類を使ってもよいでしょう。

塩レモンと塩ライム

塩ライムを使った桃とプラムのチャツネ

冷蔵庫が普及し、缶詰の製造法が正しく理解されるまでは、あらゆる食べ物が発酵という手法で保存されていました。チャツネもこうした発酵食品のひとつで、発酵により独特の甘酸っぱい風味が生まれます。

現在のチャツネは、たいてい発酵作用ではなく酢の力で保存性を高めています。それでももちろん結構ですが、発酵食品ならではの身体へのメリットは、酢漬けの食品にはありません。

ここで紹介するチャツネは、グリルした肉や野菜のつけあわせに最適で、とくにポークチョップやハム、メカジキ、ポートベロマッシュルームによくあいます。朝食や軽食のヨーグルトに混ぜてもよく、ヨーグルトとともにミキサーにかけ、スムージーにしてもおいしいです（好みにより、水を加えて薄めてください）。

材料

桃とプラム　数個（あわせて約675gほど）

塩ライム　数切れ（p.117を参照）

刻んだクルミ　1/2つかみ

香辛料　大さじ1（約6g、シナモン、クローブ、粒コショウなどを好みで混ぜあわせる）

ヨーグルトホエー　大さじ2（30mℓ）

道具

まな板（できれば木製）

包丁

大きめのボウル

木製スプーン

広口の密閉ガラスびん（容量950mℓ）

できあがり：950mℓ弱

調理時間：15分

完成：4日後

つくり方

1　桃とプラムの種を取り、好きな大きさに切る(a) (b)。

2　塩ライムを刻む(c)。

3　すべての材料をボウルに入れて、よく混ぜる(d)。

4　3をびんに入れて、ぎゅうぎゅう押しこむ(e)。チャツネが果汁に十分浸からなければ、すべてが浸かるまで浄水を加える。びんの上部に2.5cmほどのすき間を残しておく。

5　びんのふたをしっかりと閉め、室温で保存する。1日2回びんのふたを開けて、びんの中のガスを抜く。

6　2−3日後、チャツネから泡が出てきたら、冷蔵庫に入れる。

a

b

c

d

e

ひとことメモ

* びんの中にガスが溜まっていることがあるので、ふたをあけるときは気をつけましょう。シンクの上で開けると安心です。

* このチャツネは、いろいろなアレンジが楽しめます。たとえば、リンゴ、ナシ、洋ナシを角切りにして、桃やプラムの代わりに入れましょう。

* チャツネは、冷蔵庫で1カ月以上保存できます。

塩ライムを使った桃とプラムのチャツネ

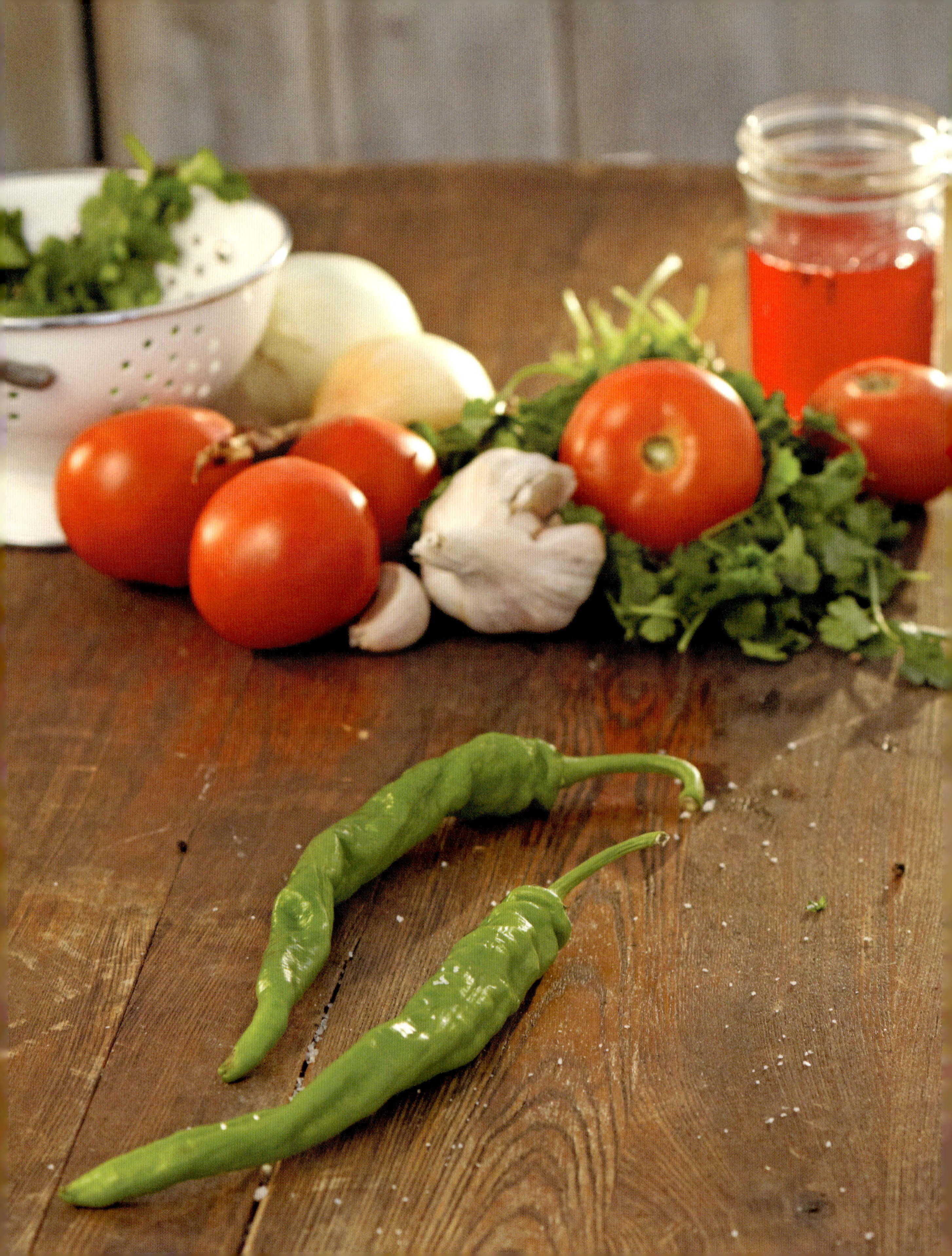

ピコ・デ・ガヨ

　ピコ・デ・ガヨは、スペイン語で"雄鶏のくちばし"を意味します。トマト、タマネギ、トウガラシ、ハーブなどを混ぜてつくるメキシコの調味料です。北アメリカでは、よく"サルサ"ともよばれますが、私は"ピコ・デ・ガヨ"という名のほうが好きです。"サルサ"は英語に訳せばただの"ソース"で、とてもありきたりの言葉だからです。

　このレシピでは、ザウアークラウトの漬け汁を使います。自家製のザウアークラウト(p.61を参照)の汁を使うのが理想的です。いろいろな発酵食品づくりに挑戦するつもりなら、自家製ザウアークラウトを常備しておくとよいでしょう。

　トマトの皮や種から苦味が出ることがあるので、ここでは取り除いていますが、残しておいても問題ありません。

材 料

トマト　中6個

タマネギ　大1個

シラントロ(コリアンダーの葉)　1/2束

ニンニク　6片

トウガラシ　適量

自家製ザウアークラウトの漬け汁　350mℓ
(p.61を参照、あらかじめつくっておく)

塩、コショウ　適量

道 具

深鍋

氷

ボウル

果物ナイフ

トング、または穴じゃくし

包丁

まな板(できれば木製)

広口の密閉ガラスびん
(容量950mℓ)

できあがり：950mℓ弱

調理時間：25分

完成：3-5日後

つくり方

1. 深鍋に水を入れ、沸騰させる。

2. ボウルに氷水を用意する。

3. 果物ナイフでトマトの上部に十文字の切りこみを入れる(a)。

4. トングか穴じゃくしで、トマトを30秒ほど熱湯に入れる(b)。皮がむけはじめたら、すぐに氷水にとり、冷ます(c)。こうすることで、皮がむきやすくなる。

5. トマトの皮をむいて(d)、芯を取り除き(e)、種をある程度、またはすべて指でかきだし、果肉だけを残す。

6. トマトやそのほかの材料を刻み、すべてをボウルに入れる(f−n)。塩とコショウで味をととのえる。

7. 6をびんにきっちりと詰める(o)。

8. ザウアークラウトの漬け汁をびんに注ぐ(p)。漬け汁を少なくとも235mlは使い、野菜が完全に汁に浸るまで、必要に応じてさらに注ぎたす。びんの上部に2.5cmほどのすき間を残しておく。

9. びんのふたを閉め、常温で3−5日間置いたあと、冷蔵庫に入れる。冷蔵すれば、2週間はもつ。

ピコ・デ・ガヨは万能調味料です。好みでアボカドやチーズ、サワークリームやクレームフレーシュを混ぜましょう。焼き魚などのグリル料理にかけたり、軽めの肉料理に添えたりします。もちろん、トルティーヤチップスにつけてもおいしいです。

b c d

f g h

j k l

n o p

ピコ・デ・ガヨ 125

第 7 章
発酵飲料

*世界中の人びとに愛されている*奥深く重要な飲み物は、どれも発酵させたものです。

なんて大げさな表現だと一笑に付すまえに、いまから挙げる飲み物について考えてみてください。コーヒー、チョコレート、ある種の茶、ワイン、ビール、シードル（リンゴ酒）、ミード（はちみつ酒）、日本酒などのあらゆるアルコール飲料*、酢、紅茶キノコ、第5章で紹介したヨーグルトやケフィアをベースにした乳飲料。これらはすべて、発酵の賜物です！

コーヒーとチョコレートは、生の状態でも食べられますが、生のときの姿形は、私たちがよく知るものとはかなり異なります。発酵をはじめとする、さまざまな加工処理を経て、私たちがよく知るあの姿へと変身するのです。多くの食材が発酵の力により、酸味、アルコール、さらなる風味などの好ましい性質をもつ飲み物に姿を変えます。いずれの場合にも、細菌や酵母の働きがかかわっています。

これほど多くの主要な飲み物が発酵によりつくられるのも、さほど驚くことではないかもしれません。発酵は、人類が大昔から食べ物を加工するために利用してきたもっとも簡単な方法であり、現代でもなお、私たちを魅了してやまないからです。発酵アルコール飲料が1万年近く前に世界各地で存在していたという証拠も見つかっています。

アルコールなどの精神活性剤が、人間の意識を発達させて精神生活を生みだし、最終的には人類をほかの動物たちから差別化するカギとなったという説があります。この説を信じるなら、ある種のサルたちが熟れすぎた果実を好んで食べることが確認されていることも注目に値するでしょう。熟れすぎた果実は発酵し、アルコールを含んでいるからです。われわれ人間は、自分たちが歩んできた道を振りかえってみる必要があります。

十分な時間をかければ、多くの飲み物は自然に発酵し、まずまずの味になります。しかし、私たちがそのプロセスに介入すれば、発酵を特定のゴールへと導き、自分好みの飲み物に仕上げることができます。

*日本では酒税法により、家庭でアルコール度数1%以上の酒類をつくることは禁じられています。

世界の伝統作物と発酵アルコール飲料

地域	作物	飲料
南ヨーロッパ	ブドウ	ワイン
北ヨーロッパ	麦	ビール
イギリス、アメリカ北東部	リンゴ	シードル（リンゴ酒）
アメリカ西部	ブドウ	ワイン
アメリカ中西部	麦	ビール
ラテンアメリカ	トウモロコシ	チチャ
アフリカ南部	モロコシ	ビール
東アジア	米	日本酒、紹興酒、マッコリ

茶は発酵食品か？

生の茶葉は、さまざまな工程を経て、私たちが飲む茶になります。茶の種類により、その工程は異なります。紅茶や烏龍茶（ウーロン）の製造には"発酵"とよばれる工程がありますが、これは微生物の働きによるものではなく、私たちが理解している発酵とは別物です。酵素による分解と酸化というほうが、より正確な表現でしょう。実際に、製造工程のこの段階で微生物が支配的になれば、茶葉が台無しになりかねません。

いっぽう緑茶の一部には、私たちが理解しているところの発酵によるものがあります。比較的湿気の多い条件下で、微生物の働きにより茶葉を熟成させてつくるもので、後発酵茶とよばれています。中国のプーアル茶は、その代表格です。輸送性や保存性を高めるためにさまざまな形状に圧縮成形されて売られているのも、たいていは後発酵茶です。

また、紅茶を淹れて砂糖を加えたものを特定のスターターで発酵させることもできます。これは紅茶キノコとよばれ、この章の最後で詳しく紹介しています（p. 145を参照）。コーヒーやチョコレートは、生豆を発酵させて飲料にしますが、紅茶キノコは、淹れた茶を発酵させてつくります。

コーヒーとチョコレート

　コーヒーやチョコレートの加工過程において、発酵は中心的な役割を果たしています。どちらも、発酵作用で豆を包んでいるパルプ（果肉）がやわらかくなり、豆が取りだしやすくなります。豆があの独特の風味をもち、保存性が高まるのも、発酵のおかげです（バニラの加工過程にも"発酵"とよばれる段階がありますが、茶の場合と同じく、これは酵素による分解と酸化で、微生物はほとんど、あるいはまったく関与していません）。

　私たちが家庭でコーヒーやチョコレートを発酵させることはめったにないので、ここでは詳しい説明は割愛しますが、マサチューセッツ州サマヴィルにある「タザ・チョコレート」の共同創立者アレックス・ホイットモア氏が、チョコレートの製造過程における発酵の役割について、簡潔に説明してくれたものを紹介します。

カカオの発酵
チョコレートの繊細な風味が生まれるまで

　発酵食品と聞いて、チョコレートを思い浮かべる人はほとんどいないと思います。しかし実際には、農家がチョコレート会社への出荷前にカカオ豆を発酵させる時間をとらなければ、チョコレートは相当まずい味になることでしょう。高級なチョコレートがもつ奥深い複雑な風味は、カカオの実が樹から収穫されたときから始まる発酵というじつにユニークな過程から生じるものなのです。

　チョコレートのあの風味は、カカオ（学名：テオブロマ・カカオ）という樹の果実から生まれます。カカオの樹は熱帯雨林気候で育ち、規則的に降る大雨のおかげで大量の果実をつけます。ラグビーボールのような形をした果実の中には、濃い紫色の種子（ふつうは豆とよばれます）と種子を包むねばねばとした真っ白い果肉があります。この種子（カカオ豆）にはリンゴの種のような強い苦みと渋みがあり、いっぽう果肉は甘くておいしく、強い香りもありますが、どちらにもまだチョコレートらしい風味はありません。

カカオ豆の収穫と自然発酵

　まず、カカオの果実を収穫して割り、細菌や酵母が浮遊する南国の温かい空気に甘い果肉をさらします。それから果肉と種子（カカオ豆）をかきだして、発酵センターに運び、大きな木箱に詰め、そのまま1週間寝かせます。その間に酵母や細菌が果肉の糖分を食べて、アルコールやきわめて酸度の高い化合物を生じさせ、それが種子に染みこみます。この酸が種子の苦み成分を分解し、カカオ豆に深いナッツのような風味や、ときにはフルーツや花のような風味をもたらします。

　カカオ豆の発酵過程で重要なのが、熱の発生です。木箱に入れて1日経つと、発酵による発熱で高ければ45℃まで温度が上昇します。この熱は、豆に含まれている苦み成分を分解するのに欠かせません。木箱の大きさもとても重要です。木箱が小さすぎたり、カカオ豆の量が少なすぎたりすると、発酵に適した温度まで上昇しきれず、風味の乏しい豆になります。

　発酵期間中は、たいてい2日ごとに豆をかき混ぜ、大量の湿った豆に空気を混入させます。これにより酢酸発酵が促進されます。豆を撹拌しないと乳酸発酵が起こり、その言葉どおりチーズのような風味のチョコレートになってしまいます。

　カカオ豆を十分に発酵させたら、木箱から取りだして、木製のすのこの上に広げ、天日で乾燥させます。天候条件により5－8日間ほど乾燥させたら、麻袋に詰めてチョコレート会社に出荷し、そこで焙煎して、細かくすりつぶします。

　驚くべきことに、カカオを栽培している農民の大半は、カカオ豆からつくられるチョコレートをいちども口にしたことがありません。またチョコレート会社も、カカオ生産者と密接な関係を築いていないかぎり、カカオ豆の発酵過程をコントロールすることはほとんど不可能です。しかし、カカオ豆の品質や極上の風味を重んじるチョコレート会社にとって、生産者と緊密な連携をはかり、自分たちが追求するチョコレートの風味が出せるようカカオ豆の発酵プロセスを進めてもらうことは必要不可欠なことです。

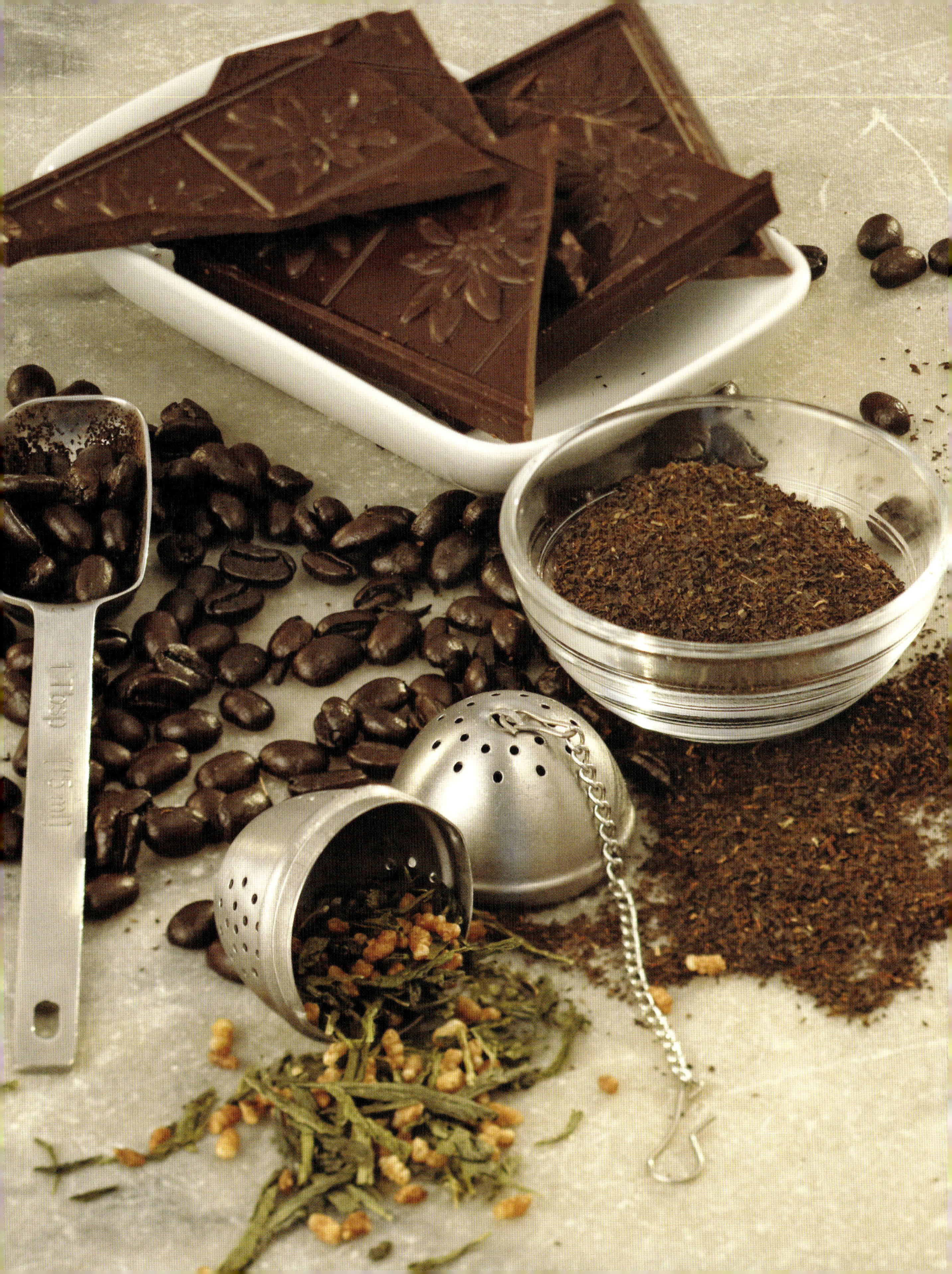
1 Tbsp
(15 ml)

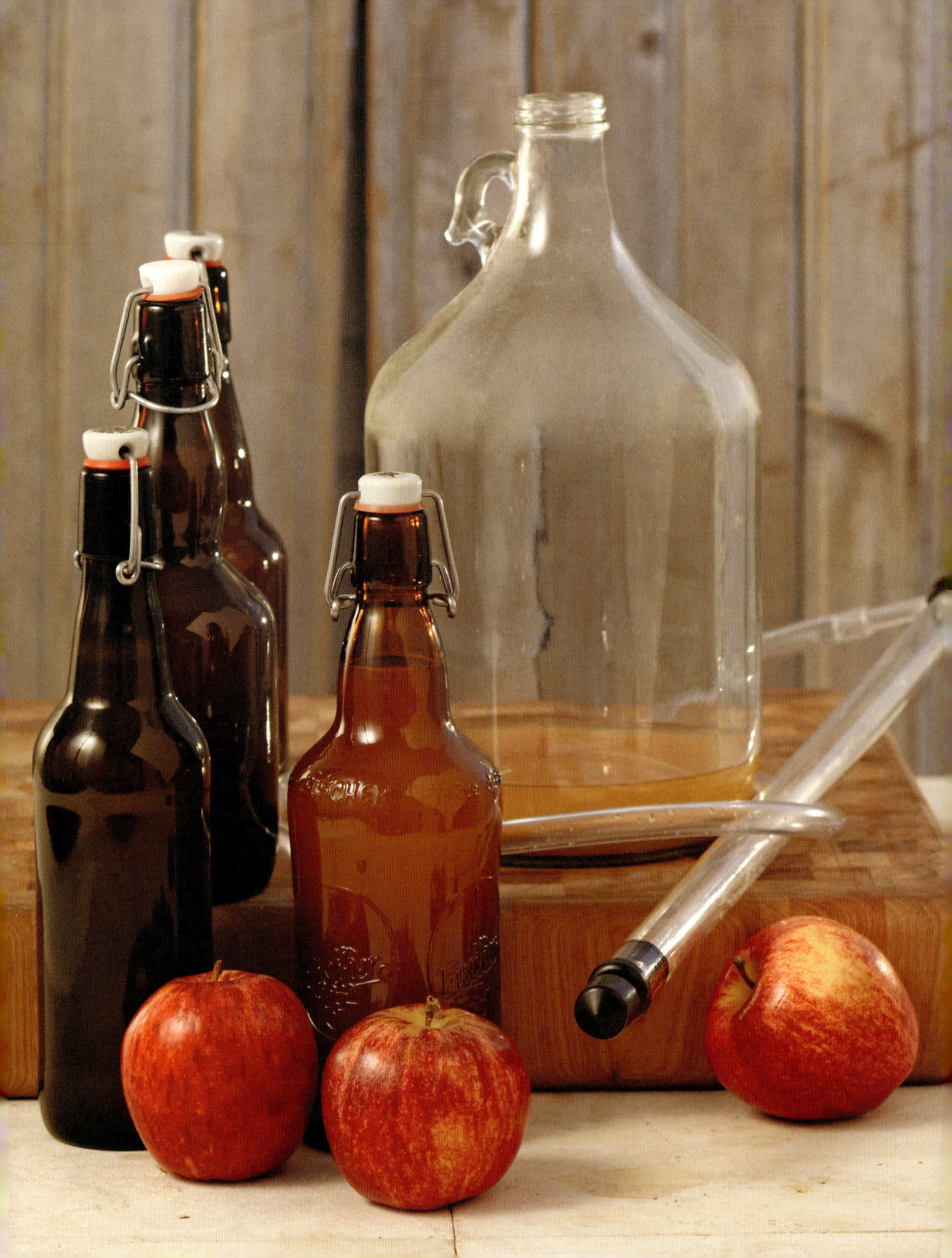

シードル（リンゴ酒）

シードル（リンゴ酒）は、家庭でもっとも手軽につくれるアルコール飲料のひとつです。

リンゴの産地に住んでいる人なら、リンゴ農家やリンゴ園の直売所で低温殺菌していない、無ろ過の新鮮なリンゴ果汁が手に入るでしょう。ノンオーガニックのリンゴにはしばしば大量の農薬が散布されているので、有機栽培のリンゴのほうが安心です。運よく自宅の庭にリンゴの木が生えている人は、その果汁を使いましょう。とくにそれが、自家栽培のリンゴにありがちなおいしくないリンゴなら、なおさらです。

低温殺菌していない新鮮なリンゴ果汁が手に入るのなら、これから紹介するレシピはまったく必要ありません。無ろ過のリンゴ果汁をそのまま寝かせ、幸運を祈りながら数週間も過ごせば、室温などの要因にもよりますが、野生の酵母のおかげでおいしいシードルができるでしょう。

市販されている無ろ過のリンゴ果汁を使う場合は、酵母のスターターを使う必要があります。市販のものはおそらく低温殺菌してあり、野生の酵母が死んでしまっているからです。スターターを使うのは、けっして悪いことではありません。発酵がうまく進む確率が上がるうえ、とりわけおいしいシードルのつくり方が見つかったら、次回もまた同じようにつくれる可能性が高まるからです。低温殺菌していないリンゴ果汁を使う場合でも、発酵のプロセスをきちんと管理したければ、自分で果汁を低温殺菌してから、酵母のスターターを使って発酵させるとよいでしょう。実際のところ、フランスの生化学者ルイ・パスツールが考案した"低温殺菌法"（パスチャライゼーション）は、もともとはワインづくりに利用されていました。

酵母のスターター

シードルづくりに必要な酵母を入手するには、専用のものを買い求めるのがいちばん簡単です。自家醸造酒づくりの専門店やインターネットでは、さまざまな種類の酵母が売られています。シードル用の酵母もあれば、ビール酵母やワイン酵母、シャンパン酵母、ミード（はちみつ酒）酵母などもあります。

市販されている袋入り酵母のどれがシードルづくりに"最適"かについては、さまざまな意見があります。酵母の種類や発酵時の室温、発酵時間が変われば、シードルの風味やアルコール度数も変わります。無難にシードル用の酵母を買うもよし、別の酵母を試すもよし。パン用のドライイーストでも結構ですが、あなたが飲みなれたシードルとは違う味になるでしょう。

酵母のスターターの入手法には、野生の酵母をつかまえるという手もあります。無ろ過のリンゴ果汁をびんに入れ、ふたをせずに流し台に置いておいても結構ですが、これだけでは望みどおりの酵母はなかなか現れず、カビなどが生えてしまう可能性が高いでしょう。もっと確実な方法として（それでも、かならず成功するわけではありませんが）、果物から得る方法があります。ラズベリーやブドウなどの有機栽培果物をよく見ると、果皮に白い粉がふいています。これが酵母です。この酵母を140ページの説明どおりに集めましょう。果物は、かならず有機栽培のものにしてください。ノンオーガニックの果物には殺菌剤が散布されていて、その目的のひとつは、酵母の繁殖を抑えることなのです。

これから紹介するのは、あくまでも家庭での"手づくりシードル"のレシピです。科学的な方法ではなく、できあがったシードルもとびきり上品で洗練された味ではないかもしれません。それでもシードルづくりは楽しくワクワクするもので、手づくりならではの醍醐味があります。また、ワインやビール、ミード（はちみつ酒）など、同じように酵母を使うさまざまな酒づくりを行いたい人には、よい出発点となるでしょう。さあ、手づくり酒の世界があなたを待っています。

材 料

低温殺菌していない、無ろ過の新鮮なリンゴ果汁（または市販のリンゴ果汁）
4ℓ

シードル酵母（またはシャンパン酵母、エール酵母、ワイン酵母など）
1袋（小さじ2、または8g）

野生酵母のスターターを使う場合は、生の有機栽培ラズベリー、またはブドウ
約125－150g

道 具

6ℓ以上の深鍋（必要に応じて）

温度計（必要に応じて）

475mℓの広口密閉ガラスびん（必要に応じて）

4ℓのカルボイ（4ℓ容器入りのリンゴ果汁を買えば、その容器をそのまま使える）

カルボイの口に装着できるエアロック（必要に応じて）

スイングトップ式のボトル（必要に応じて）

オートサイフォンとチューブ（必要に応じて）

できあがり：3.8ℓ

調理時間：5分ほど

完成：5－15日後

つくり方

1. 野生酵母のスターターを使う場合：野生酵母のスターターを使ってみたい人は、ラズベリーまたはブドウを広口びんに入れ、250mℓほどのリンゴ果汁を注いで、びんのふたを閉め、暖かい場所に置いて毎日様子を見る。数日後、びんの中身がぶくぶくと泡立ってきたら、果物から首尾よく酵母が得られた証拠（a）！　もし1週間経って、なんの変化もなければ、もういちど最初からチャレンジするか、市販の酵母を買ってこよう。

2. カルボイの4分の3ほどまでリンゴ果汁を注ぐ。容器入りのリンゴ果汁を買ってきた場合は、グラス1杯分ほど自分で飲んで、容器のスペースを空けるとよい。

3. カルボイのリンゴ果汁に酵母のスターター（1で準備した野生酵母であれ、市販の酵母であれ）を加え（b）、ふたをして、カルボイを振るか、ぐるぐると回してかき混ぜる（c）。

4. エアロックを使う場合は、カルボイの口に取りつける。写真のようなシンプルなタイプのエアロックなら、カルボイのふたを外して、エアロックに半分（線のところ）まで水を入れ（d）（e）、カルボイの口に取りつける（f）。

アップルサイダーとアップルジュース

国や地域により、さまざまな呼び方がありますが、北米では、フィルターでろ過されていないリンゴ果汁を"アップルサイダー"、ろ過されたリンゴ果汁を"アップルジュース"と呼んでいます。シードルづくりに用いるのは、無ろ過のアップルサイダーのほうです。

5 暗くて比較的涼しい場所にびんを2週間ほど置いておく。

6 ときどき味見をしてみる。科学的な方法を使いたければ、浮き秤（比重計の1種）でシードルの比重を測ることで、アルコール度数を推測できる。浮き秤での測り方は計器によって異なる。もちろん、浮き秤を使わなくてもまったくかまわない。

7 甘さや味、アルコール度数が満足のいくレベルになったら、シードルを飲みはじめるか、もしあればオートサイフォンを使って（g）（h）、スイングトップボトルに移す。カルボイの底には、おそらくオリが沈殿しているので、これが浮かびあがらないように気をつける。オートサイフォンは、沈殿物を吸いこまないよう、管のやや上方に吸入口がついている（i）。

8 シードルをボトルに移すときは、甘さがほとんど消えるまで待ってから行なう。シードルがかなり甘いときは、まだ相当の糖分が残っているので、ボトルに移したあとも発酵が続くことになる。ボトルに栓をしたあとで発酵が進みすぎると、炭酸ガスが溜まり、最悪の場合、ボトルが破裂するおそれがある。スイングトップボトルは、びんが割れる前に栓が外れるようになっているが、それでも、そうした状況は避けるほうが望ましい。

> シードルやワインの製造業者は、酵母を殺すためにメタ重亜硫酸ナトリウムなどの化学物質を使うため、発酵が完全にとまります。製造業者がこうした処置を行なうのは、経済性や一貫した品質を考慮してのこと。ボトルがそこかしこで破裂しては、お金もかかるし、後始末も大変だからです。メタ重亜硫酸ナトリウムなどの化学物質は、シードルやワインに適量を加えれば問題はありませんが、使い方を間違えると身体に有害になりかねないので、家庭での酒づくりに使うのはおすすめできません。シードルの出来具合をつねに気にかけ、必要ならときどきガスを抜いてあげるのも、手づくり酒ならではの楽しみです。化学物質で調整する必要などありません。

第7章　発酵飲料

9 栓をしたボトル内でシードルを熟成させると、さらに風味がまろやかになり、若干の発泡性も出てくる。シードルをときどき飲んでみる。炭酸ガスが多すぎるときは、ボトルから多少ガスを抜いたほうがよい（そうしないと、栓が吹き飛んでしまう！）。シードルを冷蔵庫に入れると、発酵速度が大幅に遅くなる。

ワインと同じくシードルの保存期間にも、厳密なルールはありません。1カ月後でも数年後でも、おいしく飲める場合もあります。ひとつだけアドバイスするならば、ときどきはボトルを開け、味見をしてみることです。これ以上はおいしくならないと思えば、そのまま全部飲んでしまいましょう！ シードルが酸っぱくなりすぎたら、酢のかわりにマリネに使うなど、料理に利用するとよいでしょう。いっそのことびんのふたを開け、酢にしてしまうという手もあります（p.153を参照）。

ひとことメモ

このレシピは、リンゴ果汁以外でも、ほぼあらゆる種類のフルーツ果汁（やニンジンジュース、甘い飲み物）でつくれます。ワインやビールなど、あらゆる酵母発酵アルコール飲料の基本となるつくり方なので、市販のジュースで自由に試してみてください。

洋ナシジュースだとリンゴに近い味になり、逆にザクロジュースだとかなり違うものになります。自分の好きなジュースで試しましょう。

使うジュースの糖分や風味、酵母の種類により、できあがりの味も変わります。

繰りかえしますが、できあがったアルコール飲料を密閉ボトルで保管するときは、炭酸ガスが溜まりすぎて、栓を飛ばしてしまわないよう、甘みがほとんどなくなってからにしましょう。

シードル（リンゴ酒）

ミード（はちみつ酒）

　ミード（はちみつ酒）は、はちみつからつくる発酵アルコール飲料で、ハニーワインともよばれます。純粋なはちみつでは微生物の活動は起こりませんが、はちみつを水で薄めると（はちみつ1に対し、水2か3の割合）、すぐに発酵が始まり、ミードへと変身します。

　ミードは、歴史上もっとも古い発酵食品のひとつで、ワインよりも古くからあるという研究者もいます。アジアやヨーロッパ、アフリカでは、生活に欠かせない重要な飲み物です。

　手づくりミードは、シードルとほぼ同じ方法でつくれます。はちみつと水と無ろ過のリンゴ果汁を混ぜたものを発酵させることもでき、この飲み物は"サイサー"とよばれます（p.139の「ひとことメモ」を参照）。また、はちみつ、水、果物を混ぜたものを発酵させれば、フルーツミードができあがります。

材料

浄水　2−2.5ℓ

はちみつ　1.5kg

シャンパン酵母、またはエール酵母、ワイン酵母　1袋（小さじ2、または8g）

野生酵母のスターターを使う場合は、生の有機栽培ラズベリー、またはブドウ約125−150g

道具

6ℓ以上の深鍋

金属製スプーン

温度計

4ℓのカルボイ（または、リンゴ果汁が入っていた空の4ℓ容器）

カルボイの口に装着できるエアロック

スイングトップ式のボトル（必要に応じて）

できあがり：2.8−3.3ℓ

調理時間：5分か、それ以上

完成：5−30日後

つくり方

1 　深鍋に水を入れ、沸騰させる。

2 　火から下ろして、はちみつを加え、金属製スプーンでかき混ぜて、よく溶かす。

3 　スターターは、次の3つから選ぶ。

　* 市販の袋入り酵母を使う。

　* シードルのレシピ（p.135のつくり方1）で説明したように、果物から野生酵母のスターターをつくる。ただし、リンゴ果汁のかわりにはちみつを水で薄めたものを使う。

　* シードルのレシピで説明したように、野生酵母のスターターをつくる。ただし、はちみつを水で薄めたものだけを使い、果物は入れない。

4 　水とはちみつを混ぜて、かなりの時間が経っていれば、もういちど鍋を火にかけ、沸騰させる。いずれにしても、約40℃以下になってから、次のステップに移る。

5 　酵母のスターターを鍋に加え、よくかき混ぜてから、カルボイに移す。エアロックの準備を整え（シードルのつくり方4を参照）、カルボイの口に取りつける。

6 　カルボイを2週間ほど暗い場所に置いておく。あとはシードルのつくり方6から、同じように行なう。

ひとことメモ

　はちみつと水と無ろ過のリンゴ果汁を混ぜあわせて発酵させると、サイサーという飲み物ができあがります。133ページのシードルのレシピでも説明したように、甘い飲料ならどんなものでも発酵させられます。これまでにだれもつくったことのないものなら、自分で名前を考えましょう！　はちみつと水の割合は、かならず1対2から1対3の間にしてください。

ワイン

　ワインは、世界でもっともよく飲まれているアルコール飲料のひとつで、何千年も前から存在しています。つぶしたブドウやブドウ果汁を酵母で発酵させてつくり、酵母がブドウの糖分をアルコールへと変えます。その後、場合によっては管理された微生物発酵により、ワイン中の酸の組成を変えることもあります。

　おいしいワインをつくるには、次のようなさまざまなポイントがあります。

* 1種類のブドウだけでつくるか、さまざまなブドウ品種をブレンドするか（品種もの(ヴァライエタル)か、ブレンドワインか）
* ブドウの果皮や果肉を果汁から分離するか、それとも果汁中に一定期間残しておくか（これにより、色の異なるワインとなる）
* 特殊な酵母を加える（ワイン醸造家たちがつくるワインには、きわめて独特な酵母が使われている）
* オーク樽、ステンレスタンク、ガラスなどさまざまな材質の容器で熟成させたり、びん内で熟成させたりする
* さまざまな添加物を加えたり、ろ過したりして、ワインから不純物を取り除き、保存性を高める
* 別の樽や異なる製造年のワインをブレンドして、びん詰めする

　こうした要因が、ワインの香りやアルコール度数、熟成の仕方に影響を与えます。

　たんに"ワイン"といえば、ブドウからつくられる酒のことを指します。ブドウ以外の果物や果汁からもフルーツワインがつくれます。"アップルワイン"と"シードル"はほぼ同義語ですが、国や地域によってどちらかの一方の言葉のほうがよく使われます。

ワインと発酵

　アメリカ・カリフォルニア州ガイザーヴィルのフランシス・コッポラ・ワイナリーでワインづくりの指揮をとる統括マネージャーのコーリ・ベック氏が、ワインづくりについて簡単に説明してくれました。

　簡単にいえば、発酵とは酵母の力で糖分をアルコールに変えることです。もちろんワインづくりの技術とは、ブドウ果汁にただ酵母を加えるだけではありません。ワインづくりはブドウ畑から始まります。畑の立地、天候、土壌、ブドウを接ぎ木する台木、クローンの選別は、ワインづくりを左右する重要なポイントです。ブドウ畑の土地を選んでから、ワインを醸造するための最初のブドウが収穫できるまで、長ければ4年ほどかかります。通常は糖度24－26％のブドウが収穫され、約14％のアルコール度数のワインができあがります。

　発酵のプロセスは、ブドウの品種により大きく異なります。白ブドウは通常、収穫後に直接圧搾機に入れ、果汁をしぼります。その果汁をステンレスタンクに移し、長ければ2日ほど静置します。この間に固形物がタンクの底に沈むので、上澄みを別のタンクに移してから、発酵を始めます。

　発酵のおもしろさは、じつにさまざまな種類の酵母にあるといえ、酵母ごとに異なる性質のワインができます。酵母を添加するときの果汁の温度もとても重要です。酵母は低い温度が苦手なので、10℃以下の環境は発酵に適しません。大半の白ワインは、13－16℃ほどで発酵させます。白ワインの芳香は、この温度のときに酵母により生みだされるのです。通常、白ワインを発酵させると、ブリックス計（しょ糖計）の目盛りが1日に1－2°ずつ下がるので、ブリックス計で24°のブドウ果汁を発酵させると、すべての糖分をアルコールに変えるのに2週間ほどかかります。ブリックス計とは、液体の糖分を測る計器です。

第 7 章　発酵飲料

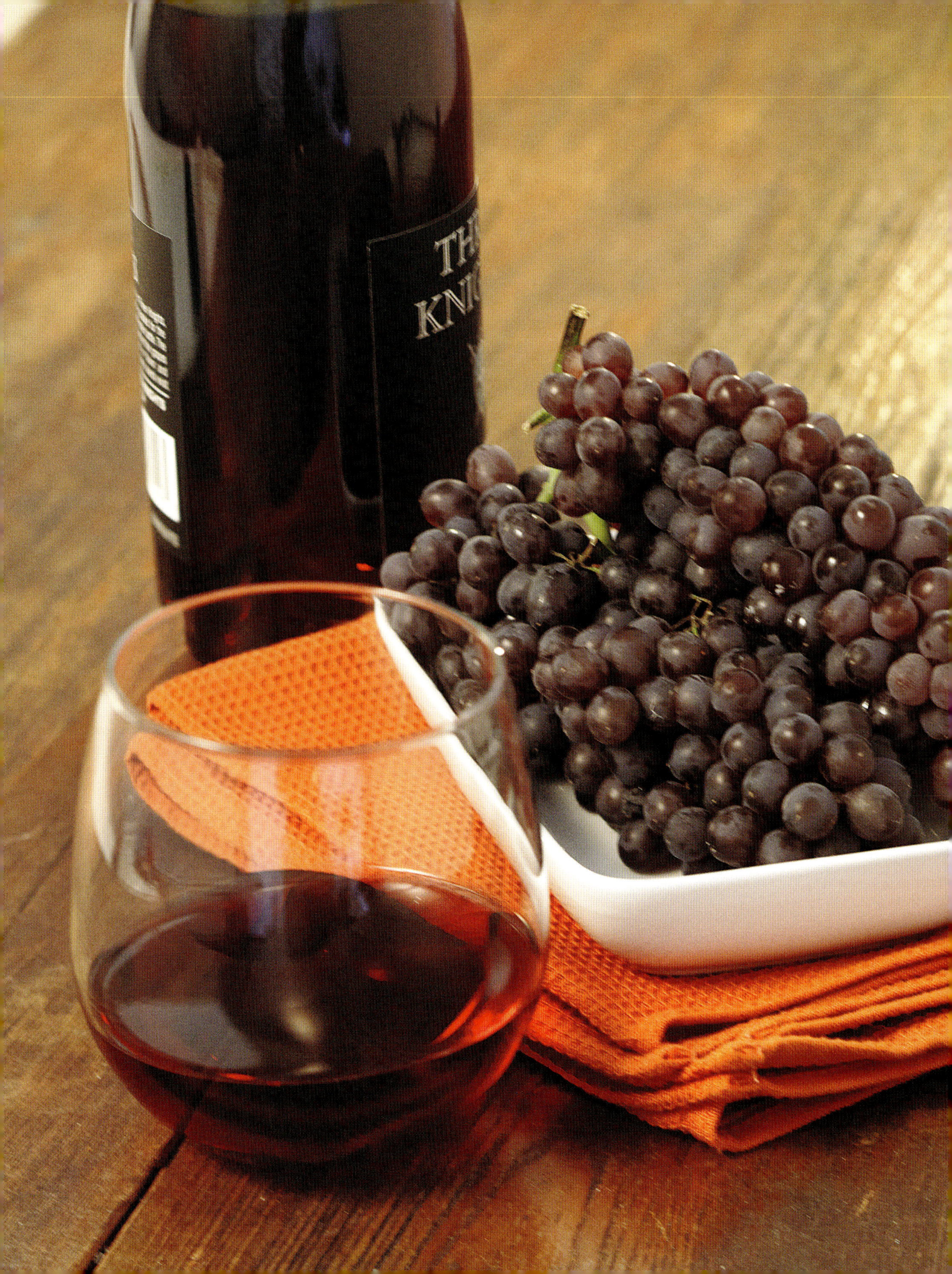

発酵中に酵母のえさとなるのは、一にブドウ果汁の糖分、二に窒素で、どちらもブドウにもともと含まれている成分です。酵母はこのえさを食べて、3つのものをつくりだします。すなわち熱、炭酸ガス、アルコールです。このほかにも発酵の副産物が生じることがあります。たとえばシャルドネ品種では、ビアセチルという物質を産し、これがバターやバタースコッチのような香りのもとになります。樽でワインを発酵させる場合でも、まずはタンクで発酵させてから樽に移しかえ、発酵を完了させます。樽発酵では、オーク樽に由来するバニラ香や深みがワインにもたらされます。

　赤ワインの場合、ブドウの果皮で発酵が起こるので、白ワインとはやや製法が異なります。赤ブドウの果汁には色がなく、赤ワインの色は果皮の色素に由来します。ブドウをつぶしたら、果汁と果皮をいっしょにタンクに入れます。それから酵母を加え、発酵させます。赤ワインは、白ワインよりも高い温度、30℃近くでもっともよく発酵します。温度が高いほうが、赤ブドウの果皮から色素がよく抽出されます。高温下で酵母の働きも活発になり、ブリックス計（しょ糖計）の目盛りが1日に4－5°ずつ下がるので、1週間ほどで発酵が完了します。発酵中に果皮から抽出されるもうひとつの化合物がタンニンで、赤ワインの香りの構成要素となるものです。タンニンは、カベルネ・ソーヴィニヨンのワインを飲んだあと、口内の側部で感じられます。ピノ・ノワールなどの品種はタンニンが少ないので、よりやわらかい味になり、比較的早い時期から飲みごろになります。カベルネ・ソーヴィニヨンはもっとも多くタンニンを含む品種なので、熟成に数年の歳月を要します。

　発酵が終わったらタンクの中身を圧搾機に移し、赤ワインをしぼって樽へと移し、熟成させます。果皮などのしぼりかすは堆肥や肥料として再利用され、ブドウ畑へと還元されます。

ひとことメモ

　自分でワインづくりに挑戦してみたい人は、まずは133ページのシードルの基本的なつくり方にしたがって、やってみましょう。リンゴ果汁のかわりにブドウ果汁を使います。こうしてできたワインは、まずまずの味ですが、洗練された香りや微妙な味わいという点では、市販の安いワインにも及ばないでしょう。

　本格的にワインづくりをしてみたければ、インターネットの多くのサイトでさまざまな情報が手に入ります。1冊まるごとワインづくりについて記した本も、数多く出版されています。多くの人がワインづくりを極めることに人生を費やしているのです。

ビールとクワス

　ビールも、古代から飲まれてきた発酵アルコール飲料で、世界でもっともポピュラーな酒です。ビールは果汁やハチミツではなく、ある種の穀物からつくられます。大麦が一般的ですが、トウモロコシや米、モロコシ、アワ、キャッサバなどからもつくれます。

　ビールづくりでは麦芽をつくる工程があり、大麦の種子が麦芽になることで、大麦のデンプンを糖に変える酵素が生産されます。大麦に水を加えて発芽させたら、この麦芽を乾燥、焙煎して粉砕し、温水と混ぜます。次に、ホップをはじめとするさまざまな物質を風味づけのために加えます。こうして麦汁という甘い液体ができます。これをリンゴ果汁やブドウ果汁とほぼ同じ製法で発酵させます。

　世界には、さまざまなビールのバリエーションがあります。

　南米では"カウイム"などの酒が、マニオク(キャッサバ)からつくられます。麦芽をつくる工程の代わりに、人びとがマニオクを口で噛んで吐きだし、唾液の酵素でデンプンを糖に変えます。

　ロシアの"クワス"は、ビールによく似た伝統的な低アルコール飲料で、硬いライ麦パンを水に浸したものを酵母で発酵させてつくります。

　エチオピアの伝統的なビール"テラ"は、ヨーロッパの伝統的なビールとほぼ同じ製法でつくられます。

　インターネット上にはビールづくりに関するさまざまな情報サイトがあり、ビールづくりを楽しんでいる人たちが積極的に情報を提供しています。自家製ビールづくりに挑戦してみたい人は、自宅の近所かインターネットで、手づくり酒の材料や道具を扱う専門店を見つけましょう。そうした店では必要な器具や材料がすべて揃ううえ、ビールづくりにとても熱心で、自分の知識や経験をよろこんで伝授してくれる人にもきっと出会えるでしょう。自家製ビールづくりについて解説している本や雑誌も、数多く出版されています。

日本酒

　日本酒は、米からつくる日本の発酵アルコール飲料です。ほとんどの発酵飲料は、酵母や細菌の働きによりつくられますが、日本酒はカビの力を利用するという点において、名高い発酵飲料のなかでも特異な存在です。日本酒づくりでは、まず米を研磨して蒸し、そこに麹菌という特殊なカビの胞子を植えつけ、米のデンプンを糖に変えます。こうしてできた麹に蒸し米と水と酵母を混ぜあわせ、さらに発酵を進めます。麹菌がデンプンを糖に変えるのと並行して、酵母がその糖をさらにアルコールへと変えていきます。最後に日本酒をしぼって別の容器に移し、たいていはろ過してから、びん詰めします。

　日本酒の製造業者は、ワインやビールの製造業者と同じくさまざまな工夫を凝らし、おいしい酒をつくっています。日本酒のつくり方にはさまざまなバリエーションがあり、その結果、多種多様な風味や特徴をもつ酒が生まれるのです。

　伝統的な日本酒づくりには数多くの工程があり、ほかの発酵アルコール飲料よりも複雑です。初心者が家庭で挑戦するのに適したものではないため、本書ではつくり方は載せていません。

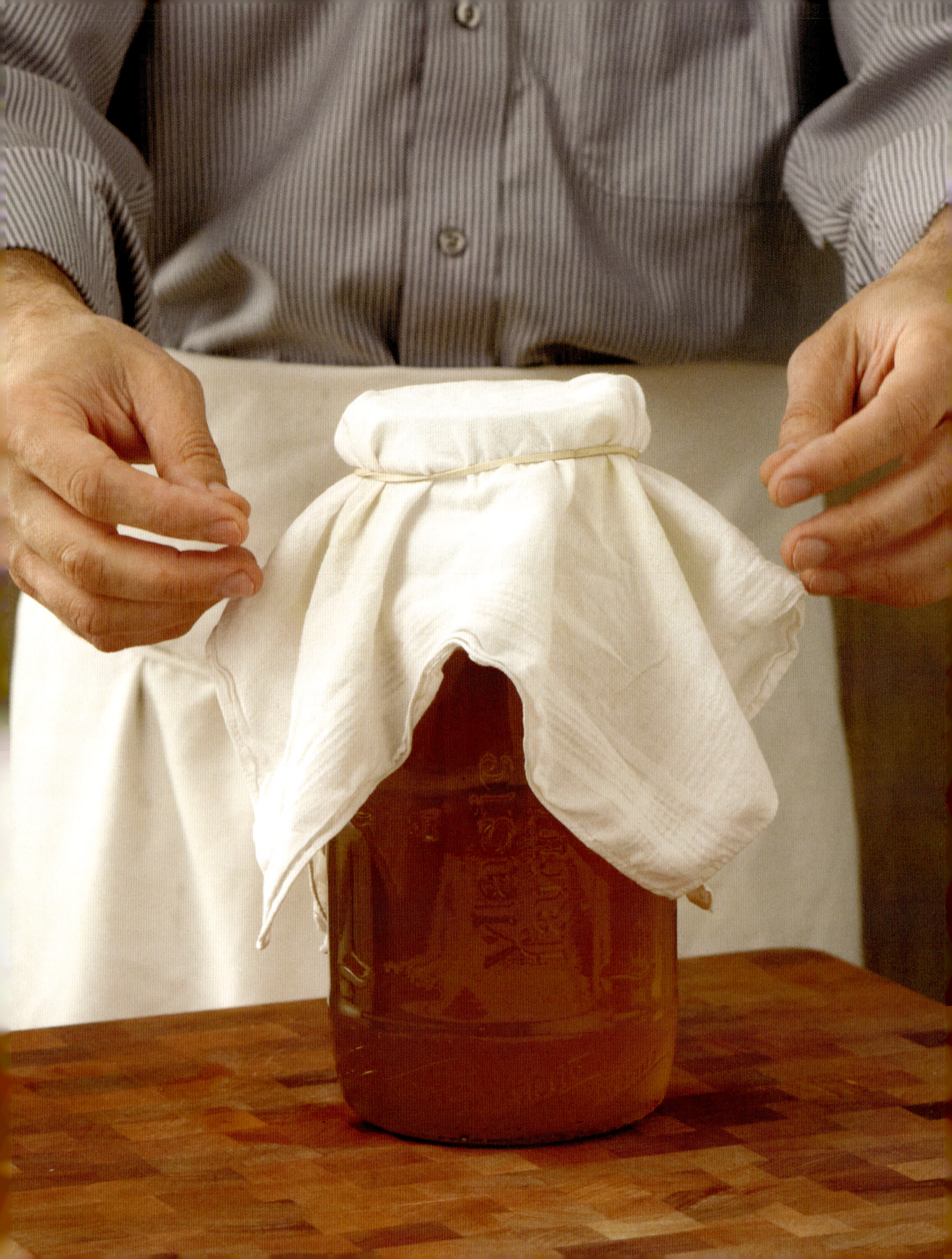

紅茶キノコ

紅茶キノコは、ごく微量のアルコールを含む発酵飲料で、一般的にアルコール飲料とは見なされていません。ワインやビールのように広く飲まれてはおらず、その歴史も詳細は不明です。それにもかかわらず、いやそれだからこそ、紅茶キノコは一部の熱心な信奉者を開拓してきました。

ロシアの文学者アレクサンドル・ソルジェニーツィンやアメリカ大統領ロナルド・レーガン、ポップスターのマドンナなど、さまざまな顔ぶれの著名人が現在、または過去に紅茶キノコを愛飲していたとして知られています。紅茶キノコの効用は広く議論され、説明されてきました。紅茶キノコがあまり一般的でないこともあり、その生化学的な面についての正式な研究はほとんど進んでいません。しかし、多くのほかの発酵食品と同じく、さまざまな種類の細菌や酵母、酵素が含まれているので、似たようなメリットをもっています。紅茶キノコのグルカル酸は肝臓の滋養強壮に効果があるらしく、肝臓から（化学療法などによる）毒素を排出するのを助けること、紅茶キノコの微生物は腸内細菌のバランスを整えるのに役立つことが、近年の研究により明らかになっています。

紅茶キノコの母：SCOBY

紅茶キノコの最大の特徴であるセルロースの膜は"マザー"や"SCOBY"、"キノコ"とよばれ、見た目といい手ざわりといい、平べったいアワビやイカを彷彿とさせます。SCOBYとは"Symbiotic Colony of Bacteria and Yeast（細菌と酵母の共生コロニー）"の頭文字をとったものです。このセルロースの膜は、紅茶キノコが発酵するときの副産物であり、細菌と酵母の生息場所でもあります。SCOBYはよく"キノコ"とよばれますが、この表現は不正確で、実際にはキノコではありません。紅茶キノコをつくるには、このSCOBYと紅茶キノコ液が必要です。これらはインターネットで購入できますが、運がよければ、近所の人から分けてもらえるでしょう。紅茶キノコを新しくつくるたびに、あらたなSCOBYが形成されます。

いちからSCOBYをつくる

紅茶キノコのSCOBYはなかなか見つからないけれど、液体の紅茶キノコならスーパーで購入できるという人は、市販のボトル入り紅茶キノコからSCOBYをつくってみましょう。次ページのレシピにしたがい、市販の紅茶キノコをスターターとして使い、SCOBYに関する部分を飛ばしてください。通常の紅茶キノコが5－15日で完成するのにくらべると、かなり時間がかかるでしょうし、うまくいかない場合もあります。運よくSCOBYが形成されたら、市販のボトル1本でつぎつぎと紅茶キノコがつくれます。

紅茶キノコの材料は、SCOBY以外はきわめてシンプルで、水と茶葉と砂糖だけです。ほかの発酵食品と同じく、塩素を除去した浄水を使いましょう。水道水を10-15分ほど沸騰させると、塩素の大半は蒸発します。水に関する詳しい説明は、47ページを参照してください。

　茶葉は、有機栽培された無香料の紅茶か烏龍茶か緑茶がいちばんです。フレーバーティーに使われる香料は、紅茶キノコの細菌や酵母の働きを阻害することがあります。たとえば、アールグレイ紅茶に使用されるベルガモットには殺菌作用があります。当然ながら、ノンオーガニックの茶葉に使われている保存料や化学物質にも殺菌作用があります。

　砂糖は、どんな種類でも結構です。ただし、遺伝子組み換え作物（p.46を参照）を口にしたくなければ、テンサイ糖は遺伝子組み換え作物であることが多いので、ショ糖のほうが安心でしょう。多少の微量ミネラルも摂取したければ、ハチミツや中白糖がおすすめです。紅茶キノコづくりには大量の砂糖を使いますが、心配は無用です。ほとんどの糖分はSCOBYによって代謝され、酸へと変えられます。SCOBYのえさとなるのは本物の砂糖だけなので、カロリーゼロの人工甘味料を使うと発酵が進みません。

　紅茶キノコの糖分が酸に変わるにつれて、次第に酸っぱい味になってきます。

材 料

浄水　約2ℓ

無香料の紅茶、または烏龍茶、緑茶（あるいは、それらをブレンドしたもの）
小さじ2（10g）、ティーバッグ1袋の茶葉は通常2-4g

砂糖　150g

紅茶キノコ液　175mℓ（前回つくった新鮮なもの）

紅茶キノコのSCOBY　1片（少なくとも2.5cm²は必要）

できあがり：2ℓ

調理時間：20分

完成：5-15日後

道 具

4ℓのふた付きソースパン

容量3ℓ以上のガラスびん（熱湯で煮沸殺菌しておく）

金属製スプーン（熱湯で煮沸殺菌しておく）

清潔な白いハンカチ、またはタオルと輪ゴム（ガラスびんの口を覆える大きさのもの）

大きなレードル（おたま）

475mℓの広口密閉ガラスびん　4－5個（完成した紅茶キノコの保存用）

紅茶キノコづくりに使う道具と材料

つくり方

1 ソースパンに水を入れ、沸騰したら火から下ろす。

2 ガラスびんに茶葉を入れて、1の熱湯を注ぎ（a）、ふたをして10－15分間蒸らしたら、茶葉を濾すか、ティーバッグごと取りだす。

3 2の茶に砂糖を加え（b）、金属製スプーンでかきまぜて溶かす。ふたをして、室温程度まで冷ます。

4 スターターとなる紅茶キノコ液の半量を3に注ぎ、紅茶キノコのSCOBYを入れて（c）、さらに残りの紅茶キノコ液を注ぐ（d）。SCOBYは浮いても沈んでもかまわない。

5 ガラスびんの口をハンカチで覆って、輪ゴムでとめ、ハエや異物が入らないようにする（e）。直射日光が当たらない、暖かい室温の場所にガラスびんを静かに移動させる。

6 5日後から、清潔なスプーンで紅茶キノコの味見をする。スプーンは、使う前に熱湯で殺菌消毒するとよい。紅茶キノコに酸味が出てくる。まだ甘いままなら、もう1－2日ほど発酵させてから味見をする。

7 満足のいく味になったら、紅茶キノコを保存用のガラスびんに直接注ぐか、レードルでくみあげる。それぞれのびんの上部には、すこしすき間を残しておく。びんは、涼しい場所か冷蔵庫で保存する。若干量の紅茶キノコとSCOBYは、つぎの紅茶キノコづくりのために取っておく。

8 紅茶キノコとSCOBYは、友人に分けてもよい。手をよく洗ってからSCOBYを取りだし、必要に応じて清潔なナイフで切りわけ、紅茶キノコ液とともにびんに入れる。ただし、少なくとも前回使ったのと同じ大きさのSCOBYは自分用に取っておくこと。次回はつくる量を増やすつもりなら、もっと大きめのSCOBYを残しておこう。

2ℓ以上の紅茶キノコをつくるときは、それに応じてレシピの分量を増やしてください。水1ℓにつき、砂糖大さじ6（80g）、茶葉小さじ1（5g）またはティーバッグ2個、スターターの紅茶キノコ大さじ6（90mℓ）、そしてSCOBYが必要です。

a

c

e

b

d

> ## ひとことメモ

　市販の紅茶キノコを買ったら、そのびんを取っておき、自家製紅茶キノコの保存用に使いましょう。紅茶キノコは、たいてい355－475mℓの丈夫なガラスびんに入っているので、保存びんに最適です。

　すぐに次の紅茶キノコをつくらないときは、スターター用の紅茶キノコとSCOBYをびんに入れ、冷蔵庫で保存すれば、2カ月間はもちます。

　完成してびん詰めした紅茶キノコを常温で保管していると、どんどん炭酸ガスが発生します。

　無香料の紅茶や烏龍茶、緑茶（または、これらのブレンド）でつくった紅茶キノコのSCOBYは、いつまでも保存可能です。しかし、ハーブティーやフレーバーティー、麦茶、フルーツジュースなども、スターター用の紅茶キノコを使って自由に発酵させてみましょう。ただし、この場合でも、普通の茶でつくった若干量のスターター用紅茶キノコとSCOBYは手元に残し、無香料の茶で発酵させて、万一実験に失敗したときに備えておくほうが賢明です。

　市販の紅茶キノコには、イチゴ、マンゴ、ショウガ、ブルーベリー、スピルリナなど、さまざまなフレーバーのものがあります。自家製のフレーバー紅茶キノコをつくりたければ、香りづけに使う材料をピューレにして、完成した紅茶キノコのびんに混ぜましょう。フレーバー紅茶キノコは、常温でしばらく置いてから冷蔵庫に入れると、炭酸ガスが発生し、香りがよく混ざりあいます。香りづけの材料は、発酵の途中よりも発酵が終わってから加えたほうが無難です。香りづけの材料のなかには、早く加えすぎると、好ましからぬ微生物を呼び寄せてしまうものがあるからです。また、ショウガなどには殺菌作用があるので、発酵プロセスに影響を及ぼすおそれがあります。

紅茶キノコ　149

紅茶キノコのSCOBY：取扱説明書

ブログ「紅茶キノコは活力源」（www.kombuchafuel.com）の作者：アナベル・ホー

紅茶キノコをつくるたびに、SCOBYとよばれるセルロースの膜が、あらたに紅茶キノコの表面に形成されます。健康的なSCOBYはクリーム色で、厚さ3−6mmほどのパンケーキ状です。でも、あなたのSCOBYがこのような状態でなくても大丈夫。発酵時の温度の低さやバラツキ、発酵させる環境、発酵期間などのさまざまな要因が、SCOBYに影響を与えます。

通常、できたての若いSCOBYは薄いクリーム色ですが、時間が経つにつれ、褐色になります。形が不完全でも、厚みが均一でなくても、自家製の紅茶キノコづくりには、なんの支障もありません。SCOBYは紅茶キノコを発酵させている容器の表面に浮いた状態で育つので、つねに容器の形になります。

SCOBYは、古いものより若いもののほうがよく発酵します。若くて質のよいSCOBYができたら、古いほうのSCOBYは予備として冷蔵庫で保存するか、友人にあげましょう。

紅茶キノコの表面に新しいSCOBYができないときは、次のような問題が考えられます。

* **SCOBYが休眠中**：SCOBYを冷蔵庫で保存していませんでしたか？　SCOBYは冷蔵庫の中では"休眠中"になるため、紅茶キノコを何回かつくらなければ、本調子にはなりません。何回か使って、様子をみましょう。

* **SCOBYがくっついている**：古いSCOBYが紅茶キノコの表面に浮かんだまま、どんどん分厚くなっていませんか？　もしそうなら、新しいSCOBYは古いSCOBYの真上で育っていて、両者の見分けがつかない可能性があります。

* **呼吸スペースを確保する**：発酵させる容器の上部に数センチの空気層を確保して、生まれたてのSCOBYが育つスペースを確保しましょう。

* **石けんを使わない**：SCOBYには細菌や酵母が暮らしているので、発酵に使う容器や道具を抗菌石けんで洗うのはやめましょう。容器や道具は使用前に蒸留したホワイトビネガーで消毒するとよいでしょう。

* **熱湯に注意**：SCOBYは熱い茶に入れないこと。熱いと種菌が死んでしまいます。砂糖を入れた茶が室温程度に冷めてから、SCOBYを加えましょう。

* **禁煙！**：煙（タバコはもちろん、調理の煙も）や花粉、塗料や溶剤の有毒ガスがある場所では、紅茶キノコを発酵させないでください。

* **直射日光を避ける**：直射日光の当たる窓辺では、紅茶キノコを発酵させないでください。

* **静置する**：発酵容器は静かな場所に置きましょう。発酵中に容器を移動させると、せっかくできたSCOBYが最初からつくりなおしになります。

* **材料はシンプルに**：スターターには、無香料のプレーンな生の紅茶キノコ（自家製のものでも市販のものでも可）を使いましょう。前述したように、紅茶キノコを発酵させるときは、香りづけの材料や余計なもの（ハーブ、スパイス、ある種の茶など）は入れず、紅茶キノコが完成してから加えましょう。

* **甘くする**：紅茶キノコに甘みをつけるときは、かならずなんらかの砂糖を含むものを使いましょう。粉末でも結晶でも、ハチミツのような液体でもかまいません。ステビアや人工甘味料では、酵母のえさになりません。

* **SCOBYの老化**：SCOBYが紅茶を発酵させ、あらたなSCOBYを生みだす能力は、古くなるにつれて低下します。若いSCOBYはクリーム色ですが、古くなると暗褐色になってきます。

SCOBYを分厚くするには

　SCOBYが大きく立派に育つ前におそらく紅茶キノコが飲みごろになるので、「SCOBYを分厚く立派にすること」と「おいしい紅茶キノコをつくること」は、かならずしも両立しません。しかし、分厚いSCOBYは紅茶をある程度効率よく発酵できるので、もっているに越したことはありません。健康的なSCOBYは、厚さ3－6mm程度です。

　分厚いSCOBYを育てるには、新しい無香料の生の紅茶キノコを清潔なガラスびんに入れ、びんの口をハンカチで覆って、輪ゴムでしっかりと留めます。SCOBYが大きく育つまで、静かな暖かい場所に数週間ほど置きましょう。あるいは、自家製の紅茶キノコをいつもよりも長めに発酵させて、SCOBYを分厚くします。これにも数週間はかかるでしょう。

　紅茶キノコは長時間発酵させていると、味が濃くなり、酸味もきつくなってきます。そうなると飲用には向きませんが、次回のスターターには使えます。

発酵時のポイント

　次の2大要因が、紅茶キノコをつくるプロセスに影響を与えます。

* **温度**：紅茶キノコの発酵に最適な温度は、25-30℃です。これよりも温度が多少高くても低くても、紅茶キノコはつくれますが、18℃以下になるときは、あんかなどで発酵温度を上げましょう。

* **スターターの紅茶キノコの量**：スターターとなる紅茶キノコは、全量の10－20％ほど加えるのが理想的です。暖かい時期は発酵が早く進むので、全量の10％程度でもかまいませんが、寒い時期は20％ほど使ったほうが、発酵がうまく進むでしょう。

SCOBYの保存法

　SCOBYは、次に使うまでの間、冷蔵庫で保存するのがいちばんです。SCOBYと若干量の紅茶キノコをガラスびんに入れましょう。あるいは、数日間活発に発酵させてpH値を下げてから、発酵させていた容器ごと冷蔵しましょう。こうすることでSCOBYは"休眠"状態になります。完全に活動を停止するわけではなく、きわめてゆっくりとしたペースで活動するので、数カ月間は保存できます。炭酸ガスが溜まりすぎ、ガラスびんのふたが飛んでしまわないよう、ふたはごくゆるめに閉めておきましょう。

　ガラスびんのふたをときどき開け、SCOBYに新鮮な空気と酸素を与えましょう。SCOBYを冷蔵庫に数週間かそれ以上入れっぱなしにしているときは、砂糖入りの紅茶をときどき加え、酵母のえさとなる糖分を補給してください。冷蔵庫で保存していたSCOBYでふたたび紅茶キノコをつくるときは、紅茶キノコに浸したSCOBYを1晩常温においてから使いましょう。それでも、SCOBYが本調子になるのは、数回使ってからでしょう。

SCOBYにカビが生えたら

　紅茶キノコをレシピどおりに発酵させ、キッチンも清潔にしていれば、カビが生える可能性は低いでしょう。紅茶キノコには抗菌作用があり、酸性のpH値がカビの発生を抑えるからです。万一カビが生えるとすれば、パンなどに生えるようなふわふわとしたカビがSCOBYの上面に現れます。そうなったら、残念ですが、SCOBYと紅茶キノコは捨てたほうが無難です。

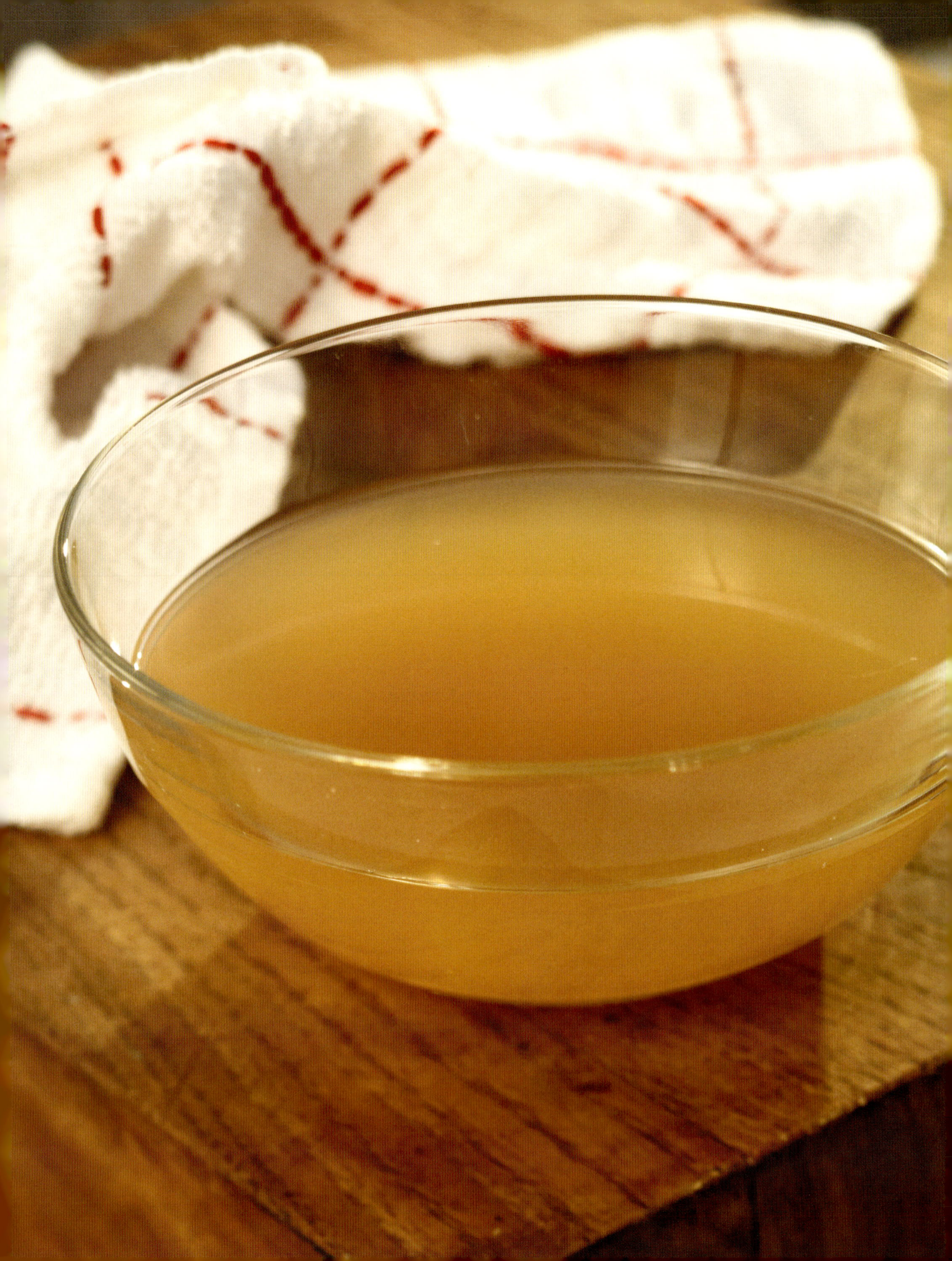

酢

　昔から、アルコールをさらに発酵させることで酢をつくってきました。酢酸菌という細菌の働きで、アルコールが酢酸に変わります。酢酸菌は、アルコールのなかに自然に入りこんでくる野生のものもあれば、人間が添加する場合もあります。酢が発酵すると、ぬるぬるとした物体が形成されることがあります。これは、紅茶キノコ(p.145を参照)をつくるときにできるセルロースの膜に似ていて、同じく"マザー"や"酢母"とよばれます。酢を使う前に酢母を濾して取りのぞいたり、さらなる酢母ができないよう流通・販売する前に酢を低温殺菌したりします。

　酢は通常そのまま飲んだりはせず、水で薄めて甘みをつけたり、ハーブを加えたりします。消化器系や肝臓の強壮剤や医薬品として飲用されることもあります。生の酢は生きた細菌を含んでいるので、低温殺菌した酢よりも強壮効果にすぐれています。30mlほどの生のリンゴ酢を水で薄め、朝一番に飲むとよいという人もいます。

　現在、酢は調味料として幅広く活躍し、さまざまな料理に使われています。酸性度が高いので、食料の保存にもよく用いられます。単調になりがちな料理を酸味で引きたてたり、葉物野菜に振りかけて、その苦みをやわらげたりもします。香辛料とともに肉を漬けて冷蔵すれば、肉の生臭みを消し、口の中が脂っぽくなりすぎるのも抑えます。また、甘い食べ物にも使われます。

　自家製の酢をつくりたければ、ワインかシードルからつくるとよいでしょう。酢づくりでは、紅茶キノコと同じく発酵に空気を必要とするので、容器に布で覆いをし、暗い場所に置きます。ワインやシードルをそのまま容器に入れて置いておけば、おいしい酢ができるでしょう。しかし、市販のものにはおそらく保存料が入っているので、そのままではあまりおいしい酢になりません。なるとしても、かなりの時間がかかるはずです。発酵をスムースに進めるには、スターターを使います。友人から酢用のスターターを分けてもらうか、生のリンゴ酢を使いましょう。生のリンゴ酢は、多くのスーパーで簡単に手に入ります。全量の10分の1から20分の1のスターターで、十分に発酵が進みます。

リンゴ酢

材 料

ワイン、またはシードルなどの発酵アルコール飲料　1ℓ

自家製の酢、または市販の生のリンゴ酢　60mℓ（スターター用、必要に応じて）

道 具

カルボイ、またはガラスびん、壺（無鉛の濃色ガラス製が望ましい）

ハンカチ、またはタオル（容器の口を覆える大きさのもの）

輪ゴム、またはひも

できあがり：1ℓ

調理時間：数分

完成：数カ月

つくり方

1. 容器にワインかシードルを注ぎいれる。

2. スターターを使う場合は、アルコール250mℓあたり大さじ1（15mℓ）、アルコール1ℓあたり60mℓ程度のスターターを加える。

3. 容器の口を布で覆い、輪ゴムかひもでしばって、暗い場所に置く。じっと待つ。ときどき味見をして、発酵具合を確かめる。完全に酸っぱくなるには、ゆうに1-2カ月はかかるだろう。

　このレシピには、飲み残しのワインが活用できます。酢がある程度できはじめたら、キッチンの隅に放置されている飲み残しのワインも加えてしまいましょう。

そのほかの発酵飲料

現在の炭酸飲料の原型は、天然の発酵飲料です。これらは通常、薬効のある植物の根や葉、木の実や樹皮を煎じたものに果物などを加えてつくられていました。"ルートビア""ジンジャーエール""コカ""コーラ"などの名前からも、その起源がよくわかります。原料の液体に糖分と微生物のスターターを加えて発酵させると、微量ミネラルや身体によい微生物を含む、わずかに甘酸っぱい低アルコールやノンアルコールの飲み物ができます。

現在の炭酸飲料に炭酸ガスやリン酸を添加するのは、伝統的な発酵飲料に含まれていた、天然発酵の副産物である炭酸ガスや酸味を再現するためでしょう。しかし残念ながら、現代の炭酸飲料には、大量の砂糖や身体によくない着色料や添加物が入っているため、伝統的発酵飲料のような身体へのメリットはひとつもありません。リン酸を摂取すると、骨密度が下がり、腎臓障害を引きおこすことがわかっています。

ひとことメモ

酢づくりでは、耐酸性の容器を使うことが重要です。濃色のガラス容器が安全でしょう。"大びんワイン"の濃色ボトルがあれば理想的です。壺を使う場合は、かならず無鉛で、釉薬が溶けだすおそれがないものを使いましょう。

酢を使うレシピでは、発酵が不完全で、ワイン（やシードル）と酢の中間のような酢でもたいていは使えます。サラダドレッシングにわずかなアルコールが混じっても、なんの問題もないでしょうし、加熱する料理ならアルコールは飛んでしまいます。しかし、アルコールに弱い人がいる場合、とくに生でサラダドレッシングなどに使ったりするときは、市販の酢を使ったほうが無難です。

また、缶詰づくりでも、市販の酢を使ったほうがよいでしょう。缶詰を安全につくるには、特定の酸性度が必要です。市販の酢は酸性度を測定、調整し、統一してあるので安心です。酢のびんに5%と表示してあれば、pH値で3弱に相当します。しかし、自家製の酢では酸性度まではなかなかわかりません。酸性度の測定キットを買うこともできますが、確信がもてないときは市販の酢を使いましょう。

ジンジャーエール

　ジンジャーエールやルートビアなどの発酵飲料やオリジナルの発酵ソフトドリンクも、家庭で手軽につくれます。材料は、水、煎じ汁、好みの香りづけの材料、砂糖、スターターとシンプルです。あらゆる種類のハーブエキスやハーブティーをベースにして、発酵ソーダがつくれます。まずはジンジャーエールをつくってみましょう（ルートビアは、p.159の「さまざまなルート」を参照）。

材料

ショウガ　7.5－10cm

浄水　4ℓ

砂糖　300g

ヨーグルトホエー　125－250mℓ（スターター用、p.102を参照）

道具

下ろし金

深鍋

大きなスプーン

カルボイ（密閉できるふた、またはエアロックつきのもの）

小さめのガラスびん　数個（スイングトップのガラスびんや炭酸飲料の入っていたガラスびん、広口ガラスびんなど）

できあがり：4ℓ

調理時間：30分

完成：3－7日後

つくり方

1　ショウガの皮をむき、すりおろす。ショウガの皮は、スプーンでこそげとるようにむく。

2　ショウガと水を深鍋に入れて火にかけ、2分間ほど沸騰させると、ジンジャー"ティー"ができあがる。（これはチャノキ（Camellia sinensis）の葉からつくるものではないので、厳密には茶ではない）

3　火から下ろして砂糖を加え、かき混ぜて溶かす。

4　室温程度まで冷ます。

5　ヨーグルトホエーを4に加える。

6　5をカルボイに移す。

7　エアロックの準備を整え、カルボイに取りつける。エアロックを使わない場合、ふたをして最初の数日間は、少なくとも1日2回はふたを開け、"げっぷ"をさせる。

8　カルボイを室温か、やや涼しめの場所に数日間置く。

9　数日経つと、ジンジャーエールが泡立ちはじめる。さらに数日経ち、泡立ちが収まったら、ジンジャーエールをボトルに詰める。小さいガラスびんのほぼ上端まで注ぎいれ、ごくわずかなすき間を残す。このガラスびんを常温でさらに数日置いてから、涼しい場所か冷蔵庫に移す。

ひとことメモ

　ジンジャーエールが活発に発酵しているあいだにびん詰めするのは、かなりコツがいります。炭酸ガスをびんに封入したいけれど、あまり早い段階では炭酸ガスが大量に入りすぎてしまうからです。

　びん詰めのタイミングは、発酵時の温度により大きく異なります。ヨーグルトホエーの活性度にも大きく左右されますが、これは予測がむずかしいものです。ジンジャーエールづくりは、毎回事情が変わることを覚悟しておきましょう。

　スターターとしていちばん手軽なのは、ヨーグルトホエーです。ザウアークラウトの漬け汁（p.61の「ザウアークラウト　基礎編」を参照）などでも結構ですが、つくりたいソフトドリンクの種類によっては、あまりおいしく仕上がらないかもしれません。また、ザウアークラウトの漬け汁は、ヨーグルトホエーほど強力ではないので、より多くの量を使う必要があります。水4ℓにつき250mℓほどの漬け汁を加えてください。

　ジンジャーエールには、塩やレモン汁、フルーツジュースなど、さまざまな調味料が加えられます。いろいろ試し、自分好みの配合を見つけましょう。バニラビーンズは、縦半分に切って水に入れ、ショウガとともに煎じます。たいていの調味料や香りづけの材料は、最初の段階から加えます。ただし、バニラのエクストラクトを加える場合は最後に入れてください。

発酵野菜ジュース（"クワス"）

　この章で紹介した発酵アルコール飲料のレシピどおりにつくれば、ビーツ汁やニンジンジュースをはじめ、あらゆる野菜ジュースからも発酵飲料ができます。ビーツやニンジンのように比較的糖度が高い野菜の汁を使うのなら、砂糖を加える必要はありません。それ以外の野菜の場合は、砂糖や果物を加えたほうがよいでしょう。

　発酵野菜ジュースをつくるときは、ザウアークラウトやそのほかの発酵野菜の漬け汁を加えると、風味がうまく混ざりあいます。

　低温殺菌してある市販のジュースよりも、ジューサーでしぼった生ジュースを使ったほうが、おいしくて健康的な飲み物になるでしょう。手に入るさまざまな材料で、いろいろ試してみてください。

　基本的なつくり方は、156ページのジンジャーエールのレシピと同じです。

ウォーターケフィア

　"ウォーターケフィア"のスターターなるものが売られています。これは、液体を発酵させるのに使う酵母と細菌の共生コロニーという点では、牛乳からつくるケフィアのグレイン（種菌）と同じですが、ミルクケフィアのものと違って、さまざまな飲料を発酵させることができ、主として乳製品以外の飲料を発酵させるのに使われます。ウォーターケフィアのスターターは、ホエーやザウアークラウトの漬け汁のような乳酸発酵のスターターと違い、細菌（乳酸菌）のほかにも酵母を含んでいます。

　ウォーターケフィアのスターターを使った発酵飲料のつくり方は、156ページのジンジャーエールのレシピと同じです。発泡性のあるものに仕上げたいなら、びん詰めするタイミングが重要です。ウォーターケフィアのスターターを次回も使えるよう、びん詰めする際に濾して回収するのも忘れないでください。ウォーターケフィアのスターターは、インターネットで購入できます。

実験してみよう

　さまざまな発酵飲料のことがわかったところで、次のようなスターターを使い、あなたの好きな（甘い）液体にさまざまな種類の発酵をさせてみましょう。

* 酵母

* ホエー

* 発酵野菜の漬け汁

* 紅茶キノコのスターター

* ウォーターケフィアのスターター

　広口のガラスびんをたくさん集め、何種類かのジュースや甘い飲料を選びます。それぞれのジュースや液体に各スターターを加え、それらがどんな味になるか、実験してみましょう。おいしくなるものもあれば、まずいものもあるでしょう。発酵に時間がかかるものもあれば、さっぱり発酵しないものもあるかもしれません。でも、"失敗"を恐れることはありません。これは実験なのです。きっとあなた好みの新たな飲み物が発見できることでしょう！

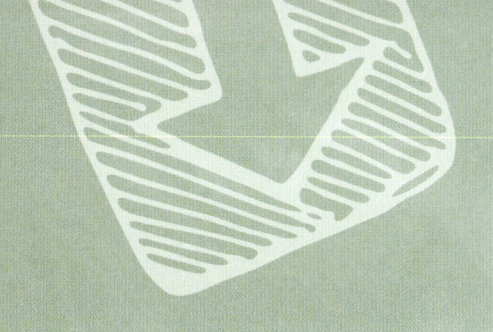

さまざまなルート

　サッサフラスやカンゾウ（リコリス）、ゴボウ、セイヨウタンポポ（ダンデライオン）、サルサ、トウリョクジュ（ウィンターグリーン）の根は、昔から"ルートビア"づくりに使われてきました。ジンジャーエールをつくるときにこれらの根を加え、その分ショウガの量を減らし、水と砂糖の割合は同じまま試してみましょう。カンゾウやセイヨウタンポポはハーブティーの材料として比較的簡単に入手でき、ゴボウはアジア食材店で手に入ります。サッサフラスは野生のものを採るか、インターネットで購入しましょう。

　サッサフラスのある成分を高濃度で投与すると、実験動物にがんが誘発されることがあきらかになっています。こうした理由から、そしておそらくはサッサフラスの抽出液が幻覚剤の原料にもなることから、FDA（アメリカ政府食品医薬品局）は特定のサッサフラスの配合を禁じています。しかし、濃いサッサフラスティーを1日に何ℓも飲まないかぎり、あまり心配はないでしょう。世の中には、もっと心配なことがたくさんあります。たとえば、揚げ物を食べる（揚げる過程で発がん物質が形成される）、バナナを食べる（微量の自然放射能を含んでいる）、高地に住んでいたり、飛行機に乗ったりする（空気という遮へい物が減るため、より多くの宇宙放射線にさらされる）ことなどです。

第8章
発酵肉とそのほかの発酵食品

野菜や果物と同じく、肉も保存可能です。そして微生物は、野菜や果物のときと同じく、肉の保存の手助けもします。

　しかし、野菜や果物や飲料の発酵では、いろいろ試してみることをおすすめしましたが、肉の保存に関してはおすすめできません。発酵肉をつくるのは、次の２つの理由から、野菜や果物を発酵させるのよりもむずかしいからです。第一に、肉には野菜や果物のようにそのままでは人間に有用な微生物はやってきません。むしろ有害な微生物のほうを引き寄せてしまいがちです。第二に、肉は野菜や果物ほど、人間に有用な微生物にとってよい棲家(すみか)ではありません。有用な細菌や酵母は、野菜や果物のなかに豊富に含まれている糖分やデンプンが大好物ですが、肉に含まれているのはもっぱらタンパク質や脂肪です。

　ですから発酵作用により肉を保存するときは、いくつかの点に注意しなければなりません。

指示どおり正確につくる：レシピの材料や分量を適当に決めるのはよくありません。たとえば特定のレシピで大量の塩を使うのは、肉の水分量を減らし、有害な細菌を繁殖させにくくするためだからでしょう。

新しいスターターをかならず使う：発酵がきちんと進むよう、新しく元気なスターターをかならず使ってください。

　一般的に肉を常温で保存可能にするには、(1)(ジャーキーやドライソーセージ、塩漬け豚肉のように)乾燥させたり、塩漬けにしたり、燻製にしたり、(2)家庭の台所では実施するのがむずかしい特定の管理された条件で保存処理を行なったり、(3)合成保存料を使ったり、(4)これらすべての処理を行なったりする必要があります。肉を長期保存するには、このほかにも酢漬けにしたり、缶詰にしたり、たいていの人がしているように冷凍したりする方法があります。

　本書では、乾燥や塩漬け、燻製、酢漬け、缶詰、冷凍については詳しく説明していませんし、もちろん合成保存料の使用もすすめてはいません。こうした方法をひとつも使わないとなると、肉の保存法は限られ、長期保存もむずかしいでしょう。しかし、発酵作用によりある程度は保存期間を延ばせますし、発酵の過程で生じるあらたな風味を楽しむこともできます。

コンビーフ

　コンビーフ（コーンビーフ）は、コーン（トウモロコシ）とはなんの関係もありません。ヨーロッパの人びとがアメリカ大陸からヨーロッパにトウモロコシを持ち帰るはるか前から、英語の"corn"という単語は、あらゆる種類の穀物（grain）を指す言葉として使われていました。"corn"と"grain"は同根の単語なのです。ですから"コーン"は穀物の粒のようなものを表す言葉としても使われ、コンビーフの"コーン"は、保存の過程で使われる塩の粗い粒のことを指しています。

　塩だけを使って肉を長期保存するときは、塩を大量に使わなければなりません。現代人にとっては、しょっぱすぎるほどの量です。今日では、塩の量を減らすかわりに合成保存料がしばしば使われています。

　次ページで紹介するレシピでは、おいしいと思えないほど大量の塩を使ったり、合成保存料を使ったりするかわりに、ホエーのスターターを加えて有用な細菌のコロニーをつくり、さらにスターターのえさとして若干の砂糖も加えています。ただしこのレシピでは、肉を長期保存できません。コンビーフはかならず冷蔵庫で保存して、2週間以内に食べてください。

　これから紹介するレシピは、サリー・ファロン女史の著書『栄養満点の伝統食（Nourishing Traditions）』に記載されているレシピをもとにしています。

できあがり：約900g

調理時間：20分

完成：2日後

材料

牛の胸肉　約900g

海塩　大さじ3（45g）（p.48を参照）

砂糖、またはカロリーのある甘味料（糖蜜や赤砂糖）　大さじ2（25g）

ピクリングスパイス、または好みのスパイスミックス　大さじ3（20g）

ヨーグルトホエー　125mℓ（p.102を参照）

浄水　250mℓ

道具

串や肉用フォークなど、長く鋭いもの

ボウル　2個（ひとつはふたつきのもの、なければラップを使う）

つくり方

1　串などの長く鋭いもので牛肉を何度も深く刺す（a）。

2　塩、砂糖、ピクリングスパイスをボウルに入れて混ぜ、それを牛肉によくもみこむ（b）。牛肉をボウルかびんに入れる。

3　ヨーグルトホエーと水を混ぜて牛肉の上に注ぎ、牛肉が完全に液体に浸かるようにする（c）。液体が足りなければ、水250mℓ、ヨーグルトホエー125mℓ、塩大さじ3（45g）の割合でさらにつくる。

4　ボウルをふたかラップで覆うか、びんのふたを閉める。ラップを使う場合は、ラップが肉や液体につかないよう注意する。数時間ごとに肉の向きを変え、肉が液体に浸かっていることを確認し、そのまま常温で1日置く。その後、冷蔵庫に最低1日入れてから、2週間以内に食べきる。

コンビーフ

コンビーフの食べ方

生で食べる：硬い部分をナイフで切りおとしてから、繊維に対し垂直になるよう、できるだけ薄くスライスします。切れ味のよいスライス用ナイフか、もしあればミートスライサーを使いましょう。ハムやソーセージとともに大皿に盛るか、サンドイッチにはさみます。

ジャーキーにする：コンビーフの繊維に沿って2.5cm幅の細切りにしてから、74℃のオーブンか、高温に設定した食品乾燥機で乾燥させます（温度が低いと、有害な微生物がすぐに繁殖してしまいます）。乾燥していながらもやわらかさがあり、砕けない程度に仕上げます。密閉容器に入れ、1週間以内に食べきりましょう。

ゆでる：コンビーフとタマネギ2個を深鍋に入れ、少なくとも数cmは水に浸かるように水を加えます。30分間ゆでたら、ふたをして、とろ火でことこと3時間煮こみます。好みでニンジン、ジャガイモ、キャベツを加え、さらに水をつぎ足して、もう30分間煮ます。野菜を取りだし、皿に盛ります。コンビーフは厚めにスライスし、好みでマスタードを添えます。煮汁はソースとして使うか、あとからスープとして出します。濃いスープにしたければ、煮つめましょう。

蒸し煮にする：脂肪のついている部分を上にして、ふたつきの大きなソースパンかほうろう製のキャセロールにコンビーフを入れます。蒸し煮にする液を選びます。ライトビールがおすすめです。コンビーフの高さの半分まで、この液を注ぎます。ふたをして、ごくわずかに煮立つ程度の火加減で肉が完全にやわらかくなるまで蒸し煮にします。コンビーフの厚さにより、2−3時間かそれ以上かかるでしょう。フォークで刺してみて、すっと刺されば、できあがりです。皿に取り、乾燥しないようにふたをします。煮汁を煮つめて好みの濃さにし、ソースとしてかけます。コンビーフは好きな厚さにスライスします。

サンドイッチ：

* 自家製マスタードとともにライ麦パンにはさむ
* ルーベンサンド：ザウアークラウト、スイスチーズ、ロシアンドレッシングとともにライ麦パンにはさむ
* レイチェルサンド：コールスロー、スイスチーズ、ロシアンドレッシングとともにブリオッシュにはさむ
* キムチ風ルーベンサンド：キムチ、スイスチーズ、ロシアンドレッシングとともにパンにはさむ
* コンビーフのスパイシーな風味が引き立つようなオリジナルサンドイッチを自分で考える

> 市販のコンビーフがピンク色や赤色をしているのは、亜硝酸ナトリウムなどの合成保存料を使用しているためです。これは発がん性があるといわれており、おすすめできません。

そのほかの発酵食品

　そのほかの（おいしい）発酵食品についても、写真つきで紹介したいと思います。発酵のプロセスについて簡単に説明していますが、詳しいレシピは載せていません。パンは、ワインやビールと同じようにごく基本的な食品なので、パンづくりについてもっと知りたければ、インターネットや本、雑誌を参考にしてください。

ドライソーセージ

　一部のドライソーセージの外側についている白いコーティングは、食べられる酵母やカビです。

発酵魚

　魚、多くの場合はアンチョビを大量の塩とともに樽で漬けこむと、魚が発酵し、塩の働きで水分が抜けてきます。発酵した魚から出たこの液体は魚醤(ぎょしょう)とよばれ、東南アジアや東アジアをはじめ、世界各地の料理で大きな役割を果たしています。国や地域により、呼び名もニョクマム、ナンプラー、パティス、魚汁(いしる)とさまざまです。西洋のウスターソースにも、発酵させたアンチョビのエキスが含まれています。このソースのルーツは、魚醤が基本調味料だった古代ギリシャや古代ローマの料理にまでさかのぼると思われます。北欧では、発酵させた魚自体を食べています。

　発酵魚や魚醤は、遊離アミノ酸やビタミンB_{12}を豊富に含んでいますが、香りがきつく塩辛いため、少量ずつ使われます。

韓国では発酵させたイカやタコが、付けあわせとして日常的に食卓にならぶ

発酵大豆食品

　醤油は、おそらく世界一普及している発酵大豆食品です。特殊なカビと塩で大豆を発酵させて、その液体を圧搾したものです。

　テンペは、醤油とは異なる種類のカビで大豆を発酵させたもので、大豆の粒を残したままブロック状に固めたものです。切って料理に使います。

　納豆は、納豆菌という特殊な細菌で大豆を発酵させたものです。ネバネバと糸を引き、強烈な風味があるため、人によって好き嫌いが大きく分かれます。

　味噌は、大豆をカビで発酵させたペースト状のもので、同じく強い風味がありますが、納豆ほど好みが分かれることはありません。

　ちなみに、豆腐は発酵食品ではありません（豆腐をつくってから発酵させた発酵豆腐というものもあります）。大豆を大量に摂取すると、身体の内分泌系に影響を及ぼすおそれがあるので気をつけましょう。その点では発酵大豆のほうが、発酵させていない大豆よりもよいのですが、それでも食べすぎには注意しましょう。

オリーブ、ケーパー、ケーパーベリー

　ケーパーやケーパーベリー、多くの種類のオリーブは、塩水に漬けて発酵させてから食べます。発酵作用により、オリーブに含まれている苦み成分が中和されます。地中海料理の基本的食品です。

パン

　パンは、西洋社会では象徴的な食品です。だれかと"パンを分けあう"といえば、たんに食事をともにするという以上の意味があり、そこには友情や仲間意識が込められています。また、新約聖書の「マタイによる福音書」にある「われらの日ごとのパンを今日も与えたまえ」という祈りの1節は、たんにパンのことを指すのではなく、日々の糧や暮らしの継続性についていっています。

　ですから、とりわけ本書を最初から読んでいる読者の方には、パンが発酵食品だということも、なんら意外ではないでしょう。

　パンの発酵には、スターターが必要です。空気中に浮遊する野生酵母がパンの生地に侵入するよう最適な条件を整えてじっと待ってもかまいませんが、自分のパン酵母をもち、パンづくりのたびにそれで発酵させるほうが確実でしょう。

　昔のパンづくりでは、発酵がゆっくりと進み、2日にわたることもありました。現代の製法では、市販の固形イーストや顆粒状のイーストを使うので、発酵が速く進みますが、できあがったパンには、昔ほどの旨みや栄養素がありません。

　スターターのパン酵母は小麦粉を発酵させ、炭酸ガスと少量のアルコールを産出します。炭酸ガスは、パンをオーブンに入れる前も入れたあとも、パン生地をふくらませる役目を果たします。アルコールは、パンをオーブンに入れるとすぐに蒸発します。

　悲しいことにパン酵母は、パンを焼く段階で死滅してしまいます。しかし、次回必要になったときは、また私たちのもとにやってきて、力を貸してくれるでしょう。

参考文献

　下記の参考文献の一部については、本書のなかでもふれています。この参考文献リストは、オンライン（http://RealFoodFermentation.com/resources）でも閲覧可能で、すべての項目をクリックできます。オンラインのリストは、定期的に更新されます。

●書 籍

Appetite for Change: How the Counterculture Took on the Food Industry by Warren Belasco
食料の供給をめぐり現在繰りひろげられている文化戦争に関する興味深いドキュメント

Home Cheese Making by Ricki Carroll
アメリカで現代の小規模チーズづくり運動を始めた人物によるチーズづくりの手引書

The Jungle: The Uncensored Original Edition by Upton Sinclair
『ジャングル』アプトン・シンクレア
初期の食肉産業の惨状を克明に描いた傑作ドキュメント。著者の意図したとおりに読める無検閲の原版がおすすめ

The Kimuchi Chronicles: Korean Cooking for an American Kitchen by Maria Vongerichten
私たちが大好きな発酵食品のひとつであるキムチを利用した、さまざまな料理法などを紹介した美しい本

Kombucha: Healthy Beverage and Natural Remedy form the Far East by Günter Frank
紅茶キノコづくりのノウハウについて徹底的に解説した1冊

The Long Emergency: Surviving the En of Oil, Climate Change, and Other Converging Catastrophes of the Twenty-First Century by James Howard Kunstler
私たちの世界が直面している問題の緊急性や、私たちが自分で自分の食べ物をつくるようにならなければならない理由について明快に解説した書

Manifestos on the Future of Food and Seed edited by Vandana Shiva
『食とたねの未来をつむぐ：わたしたちのマニフェスト』ヴァンダナ・シヴァ 編著
現代の工業食品の問題点やそれを解決する大胆な提言などを盛りこんだ渾身のエッセイ集

Meat: A Benign Extravagance by Simon Fairlie
食肉の生産と消費は、適切に実施されれば、環境に負荷をかけず、むしろ有益でさえあることを論理立てて説明した書

Milk: The Surprising Story of Milk Through the Ages by Anne Mendelson
私たちが牛乳や乳製品について知らなかったことやそのレシピが満載のじつに楽しい1冊

Nourishing Traditions: The Cookbook that Challenges Politically Correct Nutrition and the Diet Dictocrats by Sally Fallon Morell and Mary G. Enig
さまざまな伝統食の調理法を網羅した現代栄養学書の最高傑作

Nutrition and Physical Degeneration by Weston A. Price
『食生活と身体の退化：先住民の伝統食と近代食、その身体への驚くべき影響：健康な人びとの秘訣を探し求めてプライス博士は世界中を旅した』W. A. プライス
模範的な健康状態にある14の先住民を調査し、その食事に共通点を見いだしたプライス博士の綿密な報告書

On Food and Cooking: The Science and Lore of the Kitchen by Harold McGee
『キッチンサイエンス：食材から食卓まで』ハロルド・マギー著
現代食品科学の参考書。食べ物に関する"なぜ"を知りたい人が手にすれば、たぶんその答えが見つかるだろう

The Raw Milk Revolution by David Gumpert
食品が合法か非合法かを決めるのはだれなのかという問いをめぐり、「食品検査官と大企業」vs「小規模農家と個人」が繰りひろげている戦いを、1級のスリラー並みのテンポのよさで興味深く描いた書

The Revolution Will Not Be Microwaved: inside America's Underground Food Movements by Sandor Katz
私はこの本を読んで、食品というパズルのピースがどのように組み合わさるのかを理解できた。ここ最近でもっとも興奮と感動をおぼえた、じつに有益で情熱的で信頼に値する1冊

Seeds of Deception: Exposing Industry and Government Lies About the Safety of the Genetically Engineered Foods You're Eating by Jeffrey M. Smith
『偽りの種子：遺伝子組み換え食品をめぐるアメリカの嘘と謀略』ジェフリー・M. スミス
遺伝子組み換え食品が引き起こしている、取り返しのつかない現状を検証した問題作

ServSafe Coursebook by Association Solutions National Restaurant Association
アメリカ食品産業界の食の安全に関する参考書

Silent Spring by Rachel Carson.
『沈黙の春』レイチェル・カーソン
現代の環境運動のさきがけとなった書

Wild Fermentation: The Flavor, Nutrition, and Craft of Live-Culture Foods by Sandor Katz
発酵という古来の手法と現代におけるその位置づけを豊富なレシピとともに解説した名著。発酵に本格的に取り組みたい人もそうでない人にも必携の書。ザウアークラウトをふたたび有名にした1冊

●映画

Farmageddon (2011)
クリスティン・キャンティ監督は、アメリカの規制機関や法執行機関の行きすぎを暴き、彼らが農家や一般市民を犠牲にして理不尽な政策を立案、強要している実態を描いている

Food, Inc. (2008)
「フード・インク」
現代の食料生産システムが、平凡な田舎町で暮らす低所得者たちの犠牲のもと、食品業界の首領(ドン)たちの懐を肥やしている現状を暴露している

Fresh (2009)
現代の食料システムにおけるいくつかの問題点を明らかにし、現在、人びとが取り組んでいる斬新な解決策を紹介している

The Future of Food (2004)
「食の未来」
デボラ・クーンズ・ガルシア監督は、食品技術の動向やそれが社会や環境に与える影響を憂慮すべき問題として取りあげている

The World According to Monsanto (2008)
「モンサントの不自然な食べもの」
マリー＝モニク・ロバン監督は、企業と政府が結託して、食品生産をその根幹、つまり農場から支配している憂慮すべき現状を描いている

●団体

Weston A. Price Foundation
人間の食生活に健全性と滋養とリアルフードを取りもどすべく活動を行ない、急成長を遂げている、すばらしい非営利団体。この団体のホームページは、食事、食生活、生理学に関する情報の宝庫

Cornucopia Institute
家族経営の農家に経済的公正をもたらすべく活動し、たとえば"放し飼い""平飼い""オーガニック"の区分だけに留まらない卵の購入ガイドなど、食品に関する有益な情報を数多く発信している

Environmental Working Group
環境中の有害物質に焦点を当てて活動している環境団体。「ダーティー・ダズン（農薬に汚染された12品目）」と「クリーン15（クリーンな15品目）」を明記した農産物の購入ガイドは、オーガニックのものを買うのがもっとも重要な食品はどれかを教えてくれる、すぐれた手引きである

●ブログとウェブサイト

Feed Me Like You Mean It
発酵食品やリアルフード、生乳についてレシピつきで綴っている私のブログ

Kombucha Fuel
紅茶キノコづくりの豊富な経験をもつアナベル・ホーのブログ。つくり方を写真つきで説明し、よその紅茶キノコ関連イベントについても紹介している

Real Food Media
楽しいレシピや有益な情報、リアルフードに関する説明などを提供する人気ブロガーたちのネットワーク

The Complete Patient
生乳や食の自由に関する最新ニュースを発信しているデイヴィッド・ガンパートのブログ

●食料生産者、食材店、料理学校

Caldwell Bio Fermentation
発酵用スターターの販売元

The Cheese School of San Francisco
カリフォルニア州サンフランシスコの中心部に位置するチーズづくりの名門スクール

Filters Fast
私が水のろ過装置を購入したショップ

Giant Microbes
動物ではなく微生物たちのぬいぐるみを扱うショップ。バクテリア恐怖症にならないようにひとつ買おう

The Homebrew Emporium
自家醸造用のアイテムが豊富にそろうオンラインショップ

New England Cheesemaking Supply Company
リッキー・キャロルのユニークなチーズづくり教室、およびチーズづくりに必要な道具のオンラインショップ

Pickl-It
とても頼りになる発酵専用容器

Taza Chocolate
斬新な取り組みを行なっている小さなチョコレート会社

ACKNOWLEDGMENTS

There are many people without whom this book would not have happened. I would like to acknowledge as many of them as I can.

Sandor Katz is the grandfather of the modern fermentation revolution. His commitment to fermentation is unparalleled. His fearless humanity is humbling. His writing is brilliant. I feel his presence whenever fermentation is on the table.

If Sandor is the grandfather, then Sally Fallon Morell is the grandmother. Her desire to feed her children healthy food gave birth to an international movement and community, the Weston A. Price Foundation, that is a priceless resource for me and many others, and that has created an ecosystem in which many fermentation and real food businesses have been able to flourish. Among this community, Anne Marie Michaels and the Real Food Media bloggers immediately made me feel at home and have set great examples, and I am very happy to see our real food work continue to germinate.

I am part of a group in Boston called the Sustainable Food Book Club. I would like to thank all the participants in the book club, and in particular Deborah Frieze, with whom I started the club. My thoughts about food matured and solidified as a result of the books we've read and the conversations we've had.

Thank you to Justin Deri who showed me what farmers do, who was eating local food before it was trendy, and who has always been one step ahead of the crowd in matters of food.

Cambridge Culinary Institute, The Institute for Integrative Nutrition, and Learning as Leadership have brought me valuable insights about food, health, and people, each at just the right moment in my life. I would like to thank all who facilitated my learning.

I would like to thank Annabelle Ho, Alex Whitmore, and Corey Beck for their contributions to the book. They are true experts in their respective domains—and they are simply great people. Extra thanks to Alex for introducing me to Quarry Books.

Speaking of which, I would like to thank the team at Quarry Books, without whom there would literally be no book. In particular, Rochelle Bourgault was the ideal editor for me while I was writing the book, providing invaluable brainstorming services and employing just the right amount of stick to help bring the book to fruition.

And of course without my mom, there would be no book. I'd like to thank her for hatching me, cooking with me, eating with me, and for her meticulous proofreading.

Thanks, too, to all the others who have read drafts and provided feedback.

Finally, I'd like to thank my partner Kirstin Falk. She tasted most of my fermentation experiments, even sometimes against her better judgment, and gave me unvarnished feedback. She also put up with my late nights working on the book (or procrastinating and avoiding working on the book). She helped me frame my thinking about the book and its purpose. And she believed in me all along. I am grateful.

著者プロフィール

アレックス・リューイン（Alex Lewin）は、食べること、実験、パズルが大好き。

ハーヴァード大学で数学を専攻し、コンピューター業界で働いたのち、食と健康に興味をもち、なにを食べるべきかという問いにとりわけ興味をいだくようになる。食生活に関する本を10冊買えば、10冊とも違うことが書かれている。これはなぜなのか？

アレックスは、料理学校（ケンブリッジ料理学校）と栄養学校（統合栄養科学研究所）に通ううちに次のような答えを見いだした。今日私たちが食べているものには、身体に有害なものがある。人により、食べるものはさまざまである。悲しいかな、食品産業や健康産業の大部分を動かしているのは、科学や叡智、思いやりではなく、金と野心であると。

そこで、より健康でおいしい世界をつくるため、本書やブログを通じて発酵食品に関する有益な情報を発信したり、発酵食品づくりの講座やワークショップを開催したりしている。ボストン公設市場協会の役員も務め、年間を通して地元の食材を販売する屋内市場の開設にもたずさわる。

本業はコンピューターのプログラマーで、日々大惨事を避け、混沌から秩序をつくりだそうと努力している。

食べ物と健康とコンピューター以外に関心のあることは、音楽、あらゆる種類の二輪車、ネコ、そして不可解なことを調べること。アメリカのボストンとサンフランシスコで暮らす。

さらなる情報は、彼のブログ（http://FeedMeLikeYouMeanIt.com）にて。本書の最新情報や追加情報は、http://RealFoodFermentation.comより入手可能。

索引

DDT 54
SCOBY（"細菌と酵母の共生コロニー"） 145-146, 148-151

あ

亜硝酸ナトリウム 13, 136, 164
アミラーゼ 26
アルコール 20, 27, 30, 35, 68
アルコール飲料　飲料を参照
アンチョビ 165
遺伝子組み換え作物 41, 46-47, 54-55, 96-97
飲料
　果物の発酵調味料 115, 117, 119
　クワス 143, 158
　ケフィア 23, 30, 104-105, 106, 158
　紅茶キノコ 145-151
　サイサー 138-139
　実験してみよう 159
　炭酸飲料 155
　茶 128
　日本酒 143
　はちみつ酒 138-139
　発酵野菜ジュース 143, 158
　ビール 23, 143
　ミード 138-139
　ルートビア 159
　歴史 127
　ワイン 140-143
『栄養満点の伝統食』（サリー・ファロン） 162
塩化カルシウム 73
塩水 71, 92
オートサイフォン 39, 136
オリーブ 166
温度
　温度計 37
　カカオ 130
　キムチ 33
　クレームフレーシュ 107
　ケフィア 104-106

　紅茶キノコ 33, 151
　ザウアークラウト 33
　シードル 33
　チーズ 33
　発酵 25, 32, 33
　ヨーグルト 33, 99, 101, 106
　ワインづくり 140, 142

か

カーソン, レイチェル 54
加工食品 50, 52
カビ
　塩水 84
　紅茶キノコ 151
　塩レモンと塩ライム 118
　ソーセージ 165
　大豆 166
　チーズ 30, 101
　日本酒 30, 143
　腐敗 18, 28, 42, 69, 103
ガルシア, デボラ クーンズ 54
カルボイ 39
カロライナ風コールスロー 65, 74, 79-81
環境保護庁(EPA) 54
環境ワーキンググループ(EWG) 45
乾燥 13, 27, 130
缶詰 13, 14, 27, 34, 155
キムチ
　温度 33
　キャベツのキムチ 92
　酵母 30
　食べ方 59, 93
　2010年のキムチ危機 92
　野菜の切り方 70, 88, 92
　歴史 87
　レシピ 87, 89-91
キャッサバ 20
キャベツ 18, 29
キャンティ, クリスティン 54
牛乳　乳製品を参照
果物

　カビ 118
　酵母 115
　シードル 33, 133-137
　塩レモンと塩ライム 117-119
　スターター 115
　チャツネ 120-121
　ブドウ 140, 142
　フルーツミード 138
　ヨーグルト 100
　リンゴ 28, 128
　リンゴ果汁 135
グリコアルカロイド 68
グルカル酸 145
クレームフレーシュ 107, 109, 113
クワス 143
ケーパー 166
ケーパーベリー 166
ケナー, ロバート 54
ケフィア 23, 30, 104-106, 158
高圧処理 13
紅茶キノコ
　SCOBY（"細菌と酵母の共生コロニー"） 145-146, 148-151
　温度 33, 151
　カビ 151
　酵母 30
　材料 146
　スターター 145
　フレーバー紅茶キノコ 149
　歴史 145
「紅茶キノコは活力源」（ブログ） 150
酵母
　SCOBY 145-146, 148-151
　アルコール 68, 69, 135, 137, 138
　カカオ 130
　果物 115
　クワス 143
　ケフィア 104, 106, 158
　紅茶キノコ 145-146, 150-151
　シードル 133-137

スターター　14-15, 28, 30-31, 133, 134, 136-140
　日光　32
　日本酒　143
　パン　167
　ミード　138-139
　メタ重亜硫酸ナトリウム　136
　ワイン　140, 142
コーヒー　23, 127, 129
コールスロー　カロライナ風コールスローを参照
コランダー　36
コンビーフ　162-164
コンフィ　27

さ

細菌
　SCOBY　145-146, 148-151
　温度　25
　カカオ　130
　缶詰　27
　クレームフレーシュ　107
　ケフィア　104, 106, 158
　酸素　25
　紅茶キノコ　145-146, 150
　消化　26, 30, 34
　酢　153
　大豆　166
　発酵　15, 30-31
　発酵肉　161
　ヨーグルト　29, 34, 99, 101-102
サイサー　138-139
細胞の分解　21
材料
　遺伝子組み換え作物　41, 46-47
　加工食品　50
　カロライナ風コールスローのレシピ　79
　キムチのレシピ　89
　キュウリのピクルスのレシピ　83
　クレームフレーシュのレシピ　109
　ケフィアのレシピ　104
　紅茶キノコのレシピ　146
　コンビーフのレシピ　163
　ザウアークラウトのレシピ　61

シードルのレシピ　134
塩　41, 48
塩ライムを使った桃とプラムのチャツネのレシピ　120
塩レモンと塩ライムのレシピ　117
地元の食材　44
旬の時期　44
ジンジャーエールのレシピ　156
酢のレシピ　154
鮮度　41-42
乳酸発酵野菜のレシピ　75
バターとバターミルクのレシピ　112
発酵肉　161
ピーマン　65
ピコ・デ・ガヨのレシピ　123
ミードのレシピ　138
水　41, 47
水切りヨーグルトとホエーのレシピ　102
有機栽培　41, 44-46
ヨーグルトのレシピ　99
ザウアークラウト
　キャベツの切り方　70
　細菌　30
　スターターとして　32, 157
　調理　64
　南米のザウアークラウト　74
　発酵のプロセス　64
　ピコ・デ・ガヨ　123
　歴史　59
　レシピ　61-64
魚　23, 165
サッサフラス　159
砂糖漬け　27
ざる　36
酸
　カカオ　130
　酢　153, 155
　乳製品　27, 97, 101, 107, 111
　微生物　30
　保存法　13, 25, 27
　野菜　35
酸化　21, 25, 128-129, 130, 151
シードル（リンゴ酒）　33, 133-137

塩
　海塩　48
　ザウアークラウト　67
　添加物　41, 48
　発酵肉　162
　保存　27, 162
塩レモンと塩ライム　117-119
紫外線照射　13, 27
市販のバターミルク　111
『ジャングル』（アプトン・シンクレア）　54
シュークルート・ガルニ　59
醤油　23, 166
食材を選ぶ　51-52
食中毒　14, 26-27
「食の未来」（映画）　54
食品医薬品局（FDA）　54
食品乾燥機　99
シンクレア，アプトン　54
ジンジャーエール　156-157
酢　13, 30, 73, 153-155
スイートクリームバター　111
スイングトップボトル　136
「スーパーサイズ・ミー」（映画）　54
スター社製の野菜ピーラー　36
スターター
　SCOBY　145-146, 148-151
　カビ　143
　果物の発酵調味料　115
　クレームフレーシュ　107
　ケフィア　158
　紅茶キノコ　145
　酵母　14, 15, 28, 30-31, 133-134, 136-140
　シードル　133
　実験してみよう　159
　ジンジャーエール　156-157
　酢　154
　種菌　72
　チーズ　101
　発酵肉　161
　発酵野菜のスターター　72
　パン　167
　ミード　139
　ヨーグルト　72, 101
　ワイン　140

索引　173

スチュワート，ポッター　56
スパーロック，モーガン　54
スローフード　56
ソースパン　36
ソーセージ　23, 165

た

大根　88
大豆　15, 20, 23, 96, 166
タザ・チョコレート　129
炭酸飲料　155
タンニン　73, 142
チーズ　23, 29-30, 101
茶　128
チャツネ　120-121
チョコレート　127, 129-130
『沈黙の春』（レイチェル・カーソン）　54
低温殺菌　97, 107, 133
テンペ　166
道具
　オートサイフォン　39, 136
　温度計　37
　カルボイ　39
　コランダー　36
　ざる　36
　食品乾燥機　99
　スイングトップボトル　136
　酢づくりの容器　154-155
　ステンレス製　36
　ソースパン　36
　ハーシュ社製の陶器壺　36
　ピクル・イッツ　36, 84
　フードプロセッサー　39
　深鍋　39
　包丁　36-37
　保温器　99
　保存びん　36, 61
　まな板　37
　水のろ過フィルター　47
　野菜ピーラー　36
豆乳　96-97
豆腐　166
ドライソーセージ　23, 165
トラブル解決法　69

な

納豆　20, 166
生乳　96, 101
『肉——悪意なき無駄遣い』（サイモン・フェアリー）　55
肉
　工業化　54, 55
　コンビーフ　162-164
　コンフィ　27
　魚　23, 165
　塩　162
　スターター　161
　ソーセージ　165
　"放し飼い"の鶏　46, 56
　有機認証　46
　歴史　162, 165
日本酒　143
乳製品　ヨーグルトも参照
　牛乳　29, 96
　クレームフレーシュ　107, 109
　ケフィア　23, 30, 104-105, 106, 158
　酵素　34
　消化　97
　成長ホルモン　96
　チーズ　23, 29-30, 101
　低温殺菌　97, 107
　生乳　96-97, 101
　乳酸　97
　乳酸菌　101, 107, 111
　乳成分を含まないミルク　96-97
　乳糖不耐症　97
　バターとバターミルク　111-113
　有機認証　46
　歴史　18, 95
乳糖　34, 72, 97, 101
ニワトリ　46, 56
農業
　遺伝子組み換え作物　41, 46-47, 55, 97
　カカオ　129-130
　工業化　54-55
　農家の直売所　9, 24, 44, 46, 52
　農薬　54
　有機栽培　46, 96

"農産物の残留農薬に関する購入ガイド"　45
農薬　54, 56, 72

は

ハーシュ社製の陶器壺　36
白菜　88
バターとバターミルク　111-113
発がん性物質　34
発酵バター　111, 113
ハム　15, 23
パン　23, 167
ピーマン　65
ビール　23, 143
ピクル・イッツ　36, 84
ピクルス
　キュウリ　30, 73, 83-85
　スパイスミックス　74
　発酵とピクルス　35
ピコ・デ・ガヨ　123-125
微生物　細菌、カビ、酵母を参照
「ファーマゲドン」（映画）　54
ファストフード　50
ファロン，サリー　162
「フード・インク」（映画）　54
『フード・ルール』（マイケル・ポーラン）　54
フードプロセッサー　39
フェアリー，サイモン　55
深鍋　39
ブドウ　140, 142
プラム　120-121
フランシス・コッポラ・ワイナリー　140
プロバイオティクス　26, 29, 34, 102, 107
ベック，コーリ　140
ホイットモア，アレックス　129-130
放射線　13, 20, 34
包丁　36, 37
ホエー　72, 100-103
ホー，アナベル　150
ポーラン，マイケル　54
ボール社製の保存びん　36
保温器　99
保存

アルコール　20, 27
温度　25, 32, 34
家庭での保存食づくり　22-24
乾燥　27
缶詰　27
キャベツ　29
酵素　25
酵母　30
細菌　30
細胞の分解　21
砂糖漬け　27
酸　13, 25, 27
酸素　21, 25
塩漬け　27, 162
時間　25
湿度　25
食料の種類　25
旅　20
伝統食　22-24
乳製品　18, 27
腐敗　18
リンゴ　28
冷蔵　20, 27-28
冷凍　20, 27
歴史　18, 20, 24

ま

まな板　37
ミード(はちみつ酒)　138-139
水　41, 47
水切りヨーグルトとホエー　102-103
味噌　23, 166
メタ重亜硫酸ナトリウム　136
「モンサントの不自然な食べもの」(映画)　54

や

野菜
　塩化カルシウム　73
　カロライナ風コールスロー　79-81
　キムチ　87-93
　キュウリのピクルス　83-85
　切り方　65, 70, 88, 92
　酢　73
　スターター　72
　スパイス　73-74
　大根　88
　タンニンを含む葉　73
　トラブル解決法　69
　乳酸発酵野菜　75-77
　白菜　88
　発酵に適した野菜　68
　発酵野菜ジュース　158
　ピーマン　65
　ヨーグルトホエー　102
　硫酸アルミニウム　73
野菜ピーラー　36
有機栽培作物　41, 44-46, 56
ヨーグルト　乳製品も参照
　温度　33, 99, 101, 106
　果物　100
　スターター　32, 72, 99, 101, 107, 156
　食べ方　100
　乳成分を含まないミルク　97
　フレーバーヨーグルト　106
　プロバイオティクス　26, 29, 34, 102
　ホエー　72, 100-103
　水切りヨーグルト　102-103
　ヨーグルトとケフィア　104, 106
　歴史　99
　レシピ　99-100

ら

"リアルフード"　56-57
硫酸アルミニウム　73
リンゴ　28, 128
リン酸　155

ルーズベルト, セオドア　54
冷蔵
　キャベツ　29
　果物　28, 115
　紅茶キノコのSCOBY　151
　コンビーフ　162
　ザウアークラウト　64
　チャツネ　121
　乳製品　29, 95, 100, 103, 111
　保存法　13, 20
冷凍　13, 20, 27
レシピ
　塩水　71
　カロライナ風コールスロー　65, 79-81
　キムチ　87, 89-91
　キュウリのピクルス　83-85
　クレームフレーシュ　109
　ケフィア　104-105
　紅茶キノコ　146-149
　コンビーフ　162-163
　ザウアークラウト　61-64
　シードル　133-137
　塩ライムを使った桃とプラムのチャツネ　120-121
　塩レモンと塩ライム　117-119
　ジンジャーエール　156-157
　酢　153-155
　乳酸発酵野菜　75-77
　バターとバターミルク　111-113
　ピコ・デ・ガヨ　123-125
　ミード　138-139
　水切りヨーグルトとホエー　102-103
　ヨーグルト　99-100
ロバン, マリー＝モニク　54

わ

ワイン　23, 140, 142, 143

ガイアブックスは
地球の自然環境を守ると同時に
心と身体の自然を保つべく
"ナチュラルライフ"を提唱していきます。

著者：
アレックス・リューイン（Alex Lewin）
プロフィールはP.171参照。

翻訳者：
宮田 攝子（みやた せつこ）
上智大学外国語学部ドイツ語学科卒業。訳書に『実践　エンジェル』『ソースブック』（いずれもガイアブックス）など。翻訳雑誌の記事執筆も手掛ける。

REAL FOOD FERMENTATION
ほんとの本物の発酵食品

発　　　行	2013年9月15日
発 行 者	平野　陽三
発 行 所	株式会社 ガイアブックス

〒169-0074 東京都新宿区北新宿 3-14-8
TEL.03(3366)1411　FAX.03(3366)3503
http://www.gaiajapan.co.jp

Copyright GAIABOOKS INC. JAPAN2013
ISBN978-4-88282-881-5 C2077

落丁本・乱丁本はお取り替えいたします。
本書を許可なく複製することは、かたくお断わりします。
Printed in China